古代歷史文化 研究輯刊

二六編

王 明 蓀 主編

第31冊

越南雄王文化研究

裴 光 雄 著

國家圖書館出版品預行編目資料

越南雄王文化研究／裴光雄 著 -- 初版 -- 新北市：花木蘭文
化事業有限公司，2021〔民110〕
目 6+150 面；19×26 公分
（古代歷史文化研究輯刊 二六編；第 31 冊）
ISBN 978-986-518-614-2（精裝）
1. 民族文化 2. 文化研究 3. 越南
618   110011837

古代歷史文化研究輯刊
二六編　第三一冊　　　　　　　ISBN：978-986-518-614-2

越南雄王文化研究

作　　者	裴光雄	
主　　編	王明蓀	
總 編 輯	杜潔祥	
副總編輯	楊嘉樂	
編　　輯	許郁翎、張雅淋、潘玟靜　美術編輯　陳逸婷	
出　　版	花木蘭文化事業有限公司	
發 行 人	高小娟	
聯絡地址	235 新北市中和區中安街七二號十三樓	
	電話：02-2923-1455 ／傳真：02-2923-1452	
網　　址	http://www.huamulan.tw 信箱 service@huamulans.com	
印　　刷	普羅文化出版廣告事業	
初　　版	2021 年 9 月	
全書字數	104607 字	
定　　價	二六編 32 冊（精裝）台幣 88,000 元	版權所有・請勿翻印

越南雄王文化研究

裴光雄　著

作者簡介

　　裴光雄，越南海陽省人，越南胡志明市師範大學學士、靜宜大學中文所碩士、成功大學中文所博士，曾擔任越南國家文化藝術院遺產文化研究組副主任，現為國立高雄大學東亞語文學系助理教授、世界保生大帝廟宇聯合顧問委員會委員、國立成功大學越南研究中心國際越南語認證團隊、國立成功大學 Viet Nam Hoc 學報的委員會。

　　研究旨趣在探討越南民間信仰、風土民情，以及越南華人文化，透過訪談、田野調查與參考文獻等方式，進行在地思辨與論述。參與編寫：陳益源、裴光雄合著《閩南與越南》執行計劃（越南文化部）有 2014 年：越南傜族祭祀石狗習俗研究；2015 年～ 2016 年：越南傳統廟會中的異端及敗俗情況；2020 年～ 2022 年：109 ～ 110 年度東南亞語課程及檢定計畫。

提　　要

　　越南雄王文化歷史悠久，為越南獨有的文化特色之一。此種文化起源於宗族來源解釋的神話傳說類型，又這些神話傳說被記載於中國上古書籍，如:《廣州記》、《舊唐書》、《水經注》、《太平御覽》等，以及越南的《嶺南摭怪》、《粵甸幽靈集》和史書，如:《大越史記全書》、《安南志略》等也都有記述，另外還有富壽省南定省的玉譜、富壽省口頭相傳的民間神話傳說。因其價值珍貴，故亦被越南人相當看重。這些雄王神話傳說被有意設計為共有 18 任君主，且被稱為雄王時代。其中除了〈鴻龐氏傳〉為專門解釋雄王時代的來源之外，其餘的如〈檳榔傳〉、〈蒸餅傳〉等則著重於解釋越南的傳統文化習俗，例如：過年吃粽子、吃檳榔、紋身等習俗，或是說明有關農業耕作、發明五穀、戰爭等神話傳說。

　　這些神話傳說的共同點在於，每篇故事或多或少都會論及雄王及其相關事蹟，諸如：十八世雄王、發明五穀、教導人民耕作、雄王仁慈博愛且英勇無畏的國王形象，與受其統治之下的百姓生活安樂等等情況，這亦說明了為何越南人如此尊崇雄王時代，以及奉祀十八世雄王的重要原因。在越南人心目中，雄王是越南上古第一個朝代。之前的封建君主亦會利用雄王的形象與祭祀信仰鞏固自己的地位，並藉以號召人民團結保護國家。因此不管多少年過去，雄王文化都不曾被掩沒，甚至還更加廣泛流傳，連各種雄王相關的文化習俗、信仰、神話傳說等都得到妥善保存。後來雄王祭祀廟宇隨著時代的演進慢慢朝南發展，日益蓬勃壯大。而且在越南政府成立之後，他們繼續發揚雄王文化的價值，一方面保護傳統文化，另一方面持續塑造雄王國祖的形象，進而更容易團結人民的觀念、思想。

　　綜上所述，雄王文化無論從哪方面來看，如歷史、文化、文學、民間信仰，或文化交流的角度等等，都有其非常高的價值。僅管經過數百年的歲月，雄王仍保持其崇高的地位，並且不斷地鞏固人民宗族文化、飲水思源的觀念，更團結了宗族的團結意識。換言之，雄王文化貫穿了整個越南的歷史，凝聚了越南的民族意識形態和精神體系。

誌　謝

　　本論文得以順利完成，首先非常感謝我的指導教授——陳益源教授。老師學識淵博，同時也是台灣研究越南文化最著名的學者之一。在研究文化越南方面老師已在台灣和越南出版了許多相關著作，對一個在台灣就學的我，有了莫大的幫助。攻讀博士的四年半期間，我一直受到老師細心指導和鼓勵。當我撰寫論文時出現不同困難，老師不僅能提出有效的見解，還仔細閱讀並幫我指出論文當中出現的缺陷，讓學生能夠迅速完成修改此篇論文。

　　我就學期間的第二位貴人是王三慶教授，在老師長久以來的鼓勵和幫助之下，使我可以順利地申請到國科會的研究補助經費，從而能夠至國外參與許多相關議題的研討會。

　　另外也要感謝成功大學台灣文學系蔣為文老師。這四年多的時間內，不僅提供許多參加研討會的機會，也很榮幸能夠當老師的助理。當我撰寫論文的時候，蔣老師也給予不少值得參考的意見。

　　在這裡也要特別感謝魯瑞菁教授，從我來台就讀至今的一路照顧。感謝魯瑞菁教授、林明德教授、鐘宗憲教授在口試時對學生細心的指導，且改正論文中出現的缺失，並給予很多寶貴的意見，讓本論文更臻完善。

　　論文能夠順利完成，我也特別感謝阮友雄學弟、雄王大學院得展老師、阮如松老師，以及雄王廟管理委員會的阮春格經理幫我順利收集資料。

　　除了師長之外，我還要感謝系上各位同學以及學長姐、學弟妹的關心與協助，讓我可以快樂且安心地在台灣就讀博士。同時也感謝來自越南的阮黃燕、阮壽德、陳氏蘭、呂越雄、何氏慧成、范越強、裴輝進、吳友績、謝紅商、丁家寶、阮文成、阮功海、吳黃俊、胡慶娥、鄭垂莊、范文俊以及來自馬

來西亞的邱彩韻學妹，大家時時刻刻的關懷我。

我也特別感謝台灣當地的朋友莊秋君學妹、陳理揚（國立成功大學越南研究中心助理）和洪國偉（靜宜大學的學弟）幫我解決語言上的各種疑難雜症。所上的各位老師、各位同學的熱心關懷和幫助，學生沒齒難忘。在此特別表示深深的謝意。

最後要感謝父母養育之恩，感謝兄弟姐妹，以及我的賢妻范氏香蘭這幾年來對我的鼓勵，替我照顧家庭，讓我安心讀書。

中華民國 110 年 6 月 8 日

目

次

表目次

第一章 緒 論

第一節 研究動機

雄王文化起源於福壽省的雄王神話傳說。在西元十三、十四世紀左右，李朝文人收集這些神話傳說並將其收入《嶺南摭怪》中。到十五世紀，吳士連再從《嶺南摭怪》中選擇一些具有歷史性的故事編輯成為越南的前史，值得注意的是，為了使其更具有真實性與可靠性，他還特意確定此時期的正確紀年。

雄王文化早被記載於中國古籍之中，如《廣州記》、《舊唐書》、《水經註》等皆有相關的記載。但這些書籍所記載的資料較為簡略、零碎，主要是記錄該時期的名稱及消滅的原因。而問題在於，這些文獻在記錄鴻龐時代的歷史時，使用了不同的名詞，使得後來越南史學家在引述這些資料時犯了很大的錯誤，他們分不清鴻龐時代和雄王時代的界線，或無法肯定他們的在位時間等等。

雄王文化是一種複雜的文化類型，它不僅僅是越南的民間文化，同時也是外來文化，具有歷史性以及在地性等特質。雄王文化的廣泛發展是自然而然的，卻又有點勉強，漸漸地從民間文化演變成政治的工具。

雄王文化的研究至今仍廣泛受到國內外學者的關注。自二十世紀初，已有法國學者和越南學者開始研究雄王文化，並從二十世紀中葉以來（1968 年至 1971 年間），在越南政府的支持之下，在短短四年時間，就舉辦了四場研討會，成果甚豐〔註1〕。後來於 2011 年 4 月時，富壽省政府、駐越南聯合國

〔註 1〕當時越南還是南北分裂的時期。

教科文組織以及越南文化、體育和旅遊部再舉辦「當代社會祭祀祖先——以越南雄王祭祀信仰為例國際研討會」，吸引了許多的國內外學者前來參加，因而激發出了很多新觀點，使得雄王文化的研究日益繁榮昌盛。然而，關於雄王文化的研究最困難的莫過於如何將多種不同面向的資料串聯在一起，找出它們之間的關聯性，因為雄王文化是經歷漫長歷史歲月發展而來，它既是民間的文化，又是政治的產物。雄王的相關資料不只存在於文獻之中，甚至還有碑文、民間傳說、民間各種風俗等，都可以見到雄王的痕跡。目前我們所看到的廟宇或其他文物，也難以確認它是原來的文物或為後世重建之物。因此，研究雄王文化除了讓我們可以深入了解雄王文化的各種面貌，還可以讓我們知道它之所以成為越南重要文化之原因。

第二節　研究方法

　　本論文以「雄王文化」為主要研究對象，探討與雄王文化相關之歷史、神話傳說、風俗、祭祀信仰等發展的脈絡，並找尋它們之間的關聯，同時進一步探討雄王文化對越南社會的影響。而為了有效開展本論文，筆者將綜合運用「文獻考察」、「田野調查」、「社會文化研究」、「民間文學研究」、「民俗學研究」等多方面的角度來研究此一命題。

　　從「文獻考察」方面。雄王文化的資料多且雜，除了越南的歷史、神話傳說、碑文、玉譜神蹟之外，還有中國的歷史與神話傳說資料，且這些文獻都各自有不同的源起時間，雖然相互矛盾，卻又連結密切，彼此影響。因此，研究雄王文化必須透過文獻考察，以確定各自的來源與真實性，並找出它們之間的關聯，進而為雄王文化的後續研究，建立堅實且深入的基礎。然文獻考察並非僅限定於以上所提的文獻，也會針對雄王廟的奉賴、橫批、對聯等進行考察，筆者認為必須要有多種文獻的互相參證，才能真正了解雄王文化的發展與脈絡。

　　在「田野調查」方面。由於雄王文化起源於民間神話傳說，所以民間流傳的各種資料就顯得尤其重要，例如當地的風俗習慣、故事傳說等等，都必須一併探考，還有真實性的問題〔註2〕。其中值得注意的是，目前富壽省雄王

〔註2〕很多民間口頭傳說認為，在某個地方有關雄王祭祀，或雄王文化相關的問題。但是實際上跟口傳的不同，因此必要親自田調，才可以找到真正的答案。

廟有些靈驗傳說，並非雄王文化所原有，而是後來因雄王信仰而產生出來，換言之，這些傳說是雄王信仰和雄王神話傳說在流傳過程中所產生出來的產品，因此必須要找尋民間流傳的相關資料，我們才夠透徹了解雄王文化。

在「社會文化研究」方面。雄王文化是社會的產物，所以研究雄王文化不可以只單獨考察文獻以及田調資料，還必須將社會文化等各方面相互連接、補充。

在「民間文學」方面。根本上雄王文化起源於民間神話傳說，儘管後來有一些故事被歷史化，但其本身也離不開民間神話傳說的本質。當研究雄王文化時，不管是歷史資料，還是民間口傳的資料，皆要能運用民間文學的研究方法去研究，如此才能發掘到我們所需要的問題。

在「民俗學」方面。本論文採用民俗學方式來探討雄王文化，主要是想要脫離其歷史之性值，從民俗角度加以考究，尤為風俗習慣、神話傳說與信仰方面。

第三節　研究目的

雄王文化，包含與其相關之民間文學、歷史、信仰與風俗。雄王文化起源於雄王民間神話傳說，於十四、十五世紀時，已有部分的雄王神話傳說被記載於《嶺南摭怪》一書，爾後因地而異，演變為了各地方不同的版本，也是後代歷史學家和研究學者的重要參考資料。到了黎代，吳士連選擇一些具代表性的雄王神話傳說，將其歷史化，使雄王從一個神話當中的一名國王，變成一個歷史上的國王，使得祭祀雄王信仰的範圍和地位越發廣泛。

到了阮朝，有了官方的支持，將雄王當作國家的國王的觀念已逐漸深入人心，讓此段時間的雄王文化，在信仰和歷史方面產生了很大的變化。除了維護雄王廟、封神敕給福壽省雄王廟之外，阮朝所撰寫的歷史書也都被阮朝史家予以歷史化。在嗣德帝在位期間，越南史家還特意將〈鴻龐氏傳〉分為前後兩段，因為前段為中國神話，所以並未將其加入越南的歷史，他們認為，此為越南前輩文人有意將中國神話傳說與越南神話傳說融合，使得中國國王和越南第一位國王有同樣高貴的來源。

在「歷史方面」，阮朝所撰寫的越南史書，皆仿效吳士連，以雄王時代為越南初期歷史，這也是當時雄王祭祀信仰之所以能夠日益興盛的原因之一。

　　二十世紀中葉至今，是雄王文化產生劇變的時期，這都要歸根於越南政府的積極作為。從 1946 年至今，越南政府領導者多次前往福壽省雄王廟參拜上香，以表達對國祖的尊重和飲水思源的意思。另外，在此段時間，眾多地方皆立廟祭祀雄王，特別是越南南方地區，例如慶和省、邊和省、同奈省等等。令人欣喜的是，在現代社會，雄王文化在祭祀信仰方面不僅沒有消滅，甚至還更加廣泛地流傳下去。筆者認為雄王文化之所以得以長久流傳的原因，可以歸納為以下幾個因素：

　　1. 歷史價值。

　　2. 神話傳說對風俗習慣和祭祀信仰的影響。

　　3. 官方與民間的信仰程度。

　　因此本論文以「雄王文化研究」為主題，研究包含歷史、文獻、信仰以及民間傳說等範疇，並主要以考察文本、分析國內外文獻資料、參考前人研究結果，以及進行田野調查的方式，希望能從民間挖掘新的資料，使雄王文化的研究更加完善。

第四節　文獻回顧

　　越南真正研究雄王文化是從二十世紀中葉開始〔註3〕。從歷史角度來看，大致可分為兩個階段：一、1950 年至 1975 年，二、1975 年迄今。其中第一階段的研究又可分為南北兩個區域，且南方的學者主要集中在西貢和順化兩個地方，而他們的研究大多以以下兩個面向為主：

　　1. 確定雄王在位時間

　　2. 「駱王」與「雄王」名稱的辨別

　　由於當時越南各地方歷史資料的差異，越南南方學者們不可能和北方學者們一樣，可以考察富壽省地區的雄王文化，以及考古學的結果，他們只能從越南的文獻和中國的文獻這兩種文獻來探討雄王時代的問題。南方學者包括：春松（Xuân Tùng）、范完美（Phạm Hoàn Mỹ）、范文山（Phạm Văn Sơn）、阮芳（Nguyễn Phương）、裴有崇（Bùi Hữu Sùng）等人。這些學者對於雄王文

〔註 3〕　在二十世紀中葉之前也有一些學者討論雄王文化，這些研究結果對後代學者影響也很大，但是當時研究雄王未變成一個潮流，只是個人單獨發表一兩張單篇論文而已。從二十世紀的五十年代起，越南北部和南部都有很多學者研究雄王文化。成為一個研究雄王時代的高潮。

化的研究功不可沒，但彼此的見解仍不免於存在一些衝突和矛盾，例如：「駱」和「雄」兩字，以及辨別鴻龐時代和雄王時代的爭論，因而衍生出了兩個派系：認同駱王派，和認同雄王派。

認同駱王派的學者有阮芳（Nguyễn Phương）、范文山（Phạm Văn Sơn）等人，他們主張有駱王即無雄王。他們主要根據於雄王神話傳說的內容與《大越史記全書》中所記載的內容加以推論，認為雄王時代的傳說皆屬於荒誕之談，沒有歷史價值，並且認為「雄」的文字都是由儒家抄寫錯誤而成的。

而認同雄王派的學者則有裴有崇（Bùi Hữu Sủng）、范完美（Phạm Hoàn Mỹ）、阮克諶（Nguyễn Khác Khảm）、杜重慧（Đỗ Trọng Huê）、阮獻黎（Nguyễn Hiến Lê）、黎玉柱（Lê Ngọc Trụ）、陳炎（Trần Viêm）等。此派的主張在於，越南沒有駱王，駱王為中國所記載的檔案，是錯誤的，只有越南自己記載的歷史才是正統。

在越南北部，研究雄王文化的鼎盛時期是從 1968 年起。在 1968 年至 1971 年期間，越南社科院考古學院共舉辦了四次研討會，並編輯出版《雄王建國》四冊〔註4〕。在研討會期間，越南北部學者們除了利用越、中文獻中所記載的資料，他們還運用考古學、人類學的結果從不同的方面去研究雄王時代，例如：雄王時代的淵源、年代、農業、經濟、風俗，以及雄王社會等。〔註5〕

雖然越南北部學者在此段時間內，針對雄王時代的研究，廣泛涉略，且每次舉辦研討會都會著眼於不同的面向討論，但仍主要集中於某一部分的主題，如：年代、社會、經濟、風俗國土。除此之外，為了證明雄王時代是真真實實時存在於越南歷史，他們以兩種研究方法為主軸：其一，考古學，包括：阮維子（Nguyễn Duy Tý），渚文晉（Chử Văn Tần）、何文迅（Hà Văn Tấn）、黃

〔註4〕《雄王建國》（Hùng Vương dựng nước）共有四集，第一集 1969 年出版；第二集 1970 年出版，第三集 1971 年出版，第四集 1972 年出版。

〔註5〕1968 年研討分為 4 個小班：1. 年代和文化演變的過程；2. 考古學之外的各種科學的貢獻；3. 雄王時代生活的面貌；4. 越南南部對雄王時代研究情況。

1969 年研討會分為 7 個小班：1. 雄王年代；2. 神話傳說對歷史的價值；3. 雄王時代的自然環境；4. 宗族形成的淵源；5. 文明水準；6. 社會和政治制度；7. 越南南部研究雄王時代的情況。

1971 年研討會分為：1. 年代；2. 國家和人民；3. 經濟；4. 社會；5. 生活；6. 安陽王與雄王時代的關係。

春征（Hoàng Xuân Chinh）、范氏明玄（Phạm Thi Minh Huyền）、陳文寶（Trần Văn Bảo）、阮文宣（Nguyễn Văn Huyên）、陶子開（Đào Tử Khai）等學者。他們以考古學的結果為為主，針對雄王時代的年代、經濟、政治、農業，與雄王社會做討論，各自發表自己的論點，強調雄王時代是真實存在，而非虛構，例如：陶子開〈鴻龐氏和雄王是確實存在〉〔註6〕；何文迅（Hà Văn Tấn）、阮玲（Nguyễn Linh）、文蘭（Lê Văn Lan）、阮董芝（Nguyễn Đồng Chi）、黃興（Hoàng Hưng）利用考古學考察雄王時代的確切年代。他們說：

> 馮元遺址和東山的遺址相當於雄王時代。文郎國建國距今4000年，衰落於西元前第三世紀是真實的。〔註7〕

不過，對此何文迅（Hà Văn Tấn）卻持反面意見，他認為馮元文化出現於雄王文化之前。他說：

> 我們不否認馮元文化的有些地方比較晚出現，它會出現於西元前第二世紀，屬於雄王時代初期，如果雄王時代真的從西元前兩年開始，或是像吳士連的記錄西元前兩千七百年。但不管如何我們還認為馮元文化基本上仍是出現於雄王時代之前。〔註8〕

其次，文本考學，包括：阮領（Nguyễn Linh）、高輝頂（Cao Huy Đinh）、陳國旺（Trần Quốc Vượng）、阮維（Nguyễn Duy）、阮德心（Nguyễn Đức Tâm）、丁嘉慶（Đinh Gia Khánh）、黃興（Hoàng Hưng）、黎文蘭（Lê Văn Lan）等學者，以文獻為考察對象，並著重於越南文獻和中國文獻這兩種資料。中國文獻包含古史和神話；越南文獻則有漢文小說《粵甸幽靈集》、《嶺南摭怪》、雄王玉譜和越南史書等資料。這些學者認為文獻是一種相較可靠的來源，但仍有些學者質疑《嶺南摭怪》的真實性，他們覺得這些資料皆是十四、十五世紀的越南儒家在撰寫的時候，故意編造而成。特別是，陶維英對越南現存的漢喃文獻資料抱有質疑，他還提醒研究學者們，在考證文本資料的時候，不

〔註6〕陶子開（Đào Tử Khai）：《雄王建國‧鴻龐氏、雄王確實存在》（Hùng Vương Dựng Nước-Họ Hồng Bàng và vua Hùng là có thật），第一集，河內：社會科學出版社，1969年。

〔註7〕何文迅（Hà Văn Tấn）、阮玲（Nguyễn Linh）、文蘭（Lê Văn Lan）、阮董芝（Nguyễn Đồng Chi）、黃興（Hoàng Hưng）：《雄王時代》（Thời Đại Hùng Vương），河內：社會科學出版社，1973年，頁36。

〔註8〕何文迅（Hà Văn Tấn）：《雄王建國‧馮元文化及雄王時代之前》（Hùng Vương Dựng Nước-Văn hóa phùng Nguyên và thời kỳ tiền Hùng Vương），第二集，社會科學出版社，1972年，頁60。

管是中國文獻，還是越南文獻都必須小心謹慎。他說：

> 目前我們所找到的《嶺南摭怪》版本，是不可靠的版本，因為這些都是抄本，因此我們必須注意，第一，抄錯；第二，在抄寫的時候，抄者認不出正本的草字，然後自己修改成另一個字；第三，抄者不懂內容，故意改變，第四，是很特別的情況，當法國統治越南的時候，他們曾雇越南人抄漢喃古籍，不過，為了想賺多點薪資，抄者故意將在不同的版本加上他們的抄本，使它更厚，這種抄本，一部分目前被藏在越南圖書館。〔註9〕

阮維馨認為在研究雄王時代時，必須要一併考察歷史和民間的資料。他說：

> 在研究雄王時代，文獻做為一個很重要的地位，但由文獻本身的複雜性，加上各學者觀念不同，造成很多爭議。為了真正科學地研究這些資料，必要將其分為兩種，其一，歷史書籍如：《大越史記全書》、《大越史略》以及上古官僚或地方政府留下來的資料，這種資料比較可靠。其次，是民間神話傳說，如《嶺南摭怪》。〔註10〕

在信仰的方面，學者們認為，不少雄王廟都有神蹟或玉譜，但因為神蹟常帶有封建社會以及宗教的色彩，反而沒有民間傳說的純樸性，甚至有些神蹟會掩蓋真實的歷史。儘管如此，神蹟相較於民間傳說，仍有其比較優異的地方，乃是由於在當地的習俗當中，神蹟是一種被記載為固定文獻的傳說，其本身具有穩定性和傳流給後代的功能，而民間這種有賴於口耳相傳的傳說則有易變性和容易失傳的缺點。

雄王題材淵源流長，至今仍是盛行不衰。研究學者針對先前國內外（越南和中國）材料進行收集與論述，呈現了雄王社會的各種風貌。再來他們的研究成果成為我們研究的養分，使我們的研究工作更為順利。但由於此段時間研究雄王文化相關的成果大多屬於單篇論文，因此，雄王文化的研究仍有許多進展的可能。

1975年至今，隨著投入研究雄王文化的學者越來越多，研究題目也日益

〔註9〕陶維英（Đào Duy Anh）：《雄王建國‧雄王研究的建議》（Hùng Vương Dựng Nước-Góp ý kiến về vấn đề Hùng Vương），第二集，河內：社會科學出版社，1972年，頁281。

〔註10〕阮維馨（Nguyễn Duy Hinh）：《雄王建國‧雄王時代在古籍中》（Hùng Vương Dựng Nước-Điểm qua tình hình thư tịch về thời đại Hùng Vương），第一集，河內：社會科學出版社，1970年，頁95。

廣泛。2011 年 4 月越南社科院文化藝術研究院舉辦「雄王祭祀信仰和祭祀祖先國際研討會」，吸引了為數眾多的國際學者前來參與。而此次研討會的主題是雄王祭祀信仰，大多學者都注重於雄王祭祀的來源、空間，以及神靈祭祀系統等方面。此外，在此段時間開始有研究雄王時代的作品成書問世，例如黎文好（Lê văn Hảo）：《雄王建國時代回溯》（Hành trình về thời đại Hùng Vương dựng nước），200 年出版；李太勇（Lý Thái Dũng）：《雄王時代九十九個問答》（99 câu hỏi đáp về thời đại Hùng Vương），2008 年出版。

　　綜上所述，自二十世紀中葉至今，研究雄王文化的題材已經有了很大的變化，特別是經過四次以雄王時代為主題的研討會，以及一次有關雄王祭祀信仰的研討會，使雄王文化的問題逐漸得到解決與了解。雖然現今仍有一部分的問題尚未明朗，或仍存有許多爭議，但是雄王文化仍是一個非常值得討論的主題。

第二章 中、越歷史文獻中的雄王故事

　　雄王故事早已記載於中國文獻當中，例如：《水經注》、《廣州記》、《舊唐書》等等。在越南，則是一直到十三、十四世紀，雄王故事才被記載於《粵甸幽靈集》和《嶺南摭怪》裡，後來越南史家又從這兩套書中找出較具歷史性的部分加入越南的史書和雄王廟的玉譜之中。不過，無論在中國或越南的文獻中，你都可以看到，明明針對相同的人事物，他們所記載的文字卻有相異之處，例如中國文獻中有的記載為「駱王」，有的是「雒王」，而又有些是「雄王」，竟會出現三種不同的稱呼方法。而這樣的問題在越南文獻中更為嚴重，除了使用與中國不同的「貉」文字，還有雄王的名稱，鴻龐時代和雄王時代的界線，以及其在位期間都有不同的說法。

第一節　中國文獻中的雄王故事及其影響力

　　中國文獻中所記載的雄王時代較為簡略、片段，最早可見於《廣州記》、《舊唐書》、《水經注》、《太平御覽》等書籍，其內容所述不甚詳細，主要談到交趾地區早期首領稱為駱王（雒王），後來蜀王出兵攻打駱王，並自稱為安陽王，這些文獻對越南卻產生了很大的影響。

一、中國文獻中的駱王（雒王）及雄王不同的說法

　　據《水經注》卷三十七引用《交州外域記》解釋，越南上古「雒王」此名稱的起源乃與越南上古農業水稻耕作的生活有關，推測該名稱應是由其他部

族根據越南雒田耕作的習俗命名而成。《水經注》卷三十七曰：

> 交阯，昔未有郡縣之時，土地有雒田。其田從潮水上下，民墾食其田，因名為雒民。設雒王、雒侯，主諸郡縣，縣多為雒將，雒將銅印青綬。後蜀王子將兵三萬，來討雒王、雒侯，服諸雒將，蜀王子因稱為安陽王。〔註1〕

羅泌《路史》國名記卷乙曰：

> 交止有駱田，仰潮水，人為駱人，有駱侯，或自名駱將。〔註2〕

劉昫《舊唐書》卷四十一志第二十一曰：

> 交趾之地，最為膏腴。舊有君長曰雄王，其左曰雄侯。後蜀王將兵三萬討雄王，滅之。蜀以其子為安陽王，治交趾。〔註3〕

若將以上三個引文相互比較，我們可以發現三者之間的矛盾。三者皆提到同一個時代，但是卻有三個不同的名稱，從名稱的來源可以分為兩種不同的說法：第一種是跟越南上古農業生活有關，可從《水經注》和《廣州記》中略見一二，如《廣州記》使用的文字是「駱」，《水經注》使用的文字是「雒」；第二種說法是「君長」的名稱。由於在《舊唐書》的記載略為簡要，僅輕筆帶過：「有君長曰雄王」，因此我們很難推論，該名稱與以上兩者所提到的駱（雒）有何關係？不過吳士連推論「雄」是由「貉」訛而成。《大越史記全書》曰：

> 置相曰貉侯，將曰貉將，貉將後訛為雄將。〔註4〕

吳士連的觀點出現之後得到許多越南國內外學者的認同，他們認為，雄王的「雄」是因筆誤所造成。而在十九世紀，一位法國學者 Henri Maspero 則認為，之所以出現雄王及文郎國的名稱是因為越南史家向中國文獻抄寫錯誤而成，Henri Maspero 的觀點亦隨即得到部分越南學者們的支持，如文迅、阮玲、黎文瀾、阮董智、黃興，他們說：

> Henri Maspero（1882～1945）已經證明沒有雄王，只有貉王。雄王或者文郎的國號，是因為越南史家向中國書籍抄寫的時候，已經抄寫錯了，把貉字變成雄字，夜郎變成文郎。〔註5〕

〔註1〕南北朝‧酈道元：《水經注》，北京：北京出版社，2000 年，頁 567。

〔註2〕宋‧羅泌：《路史》，台北市：台灣中華書局，1983 年，頁 13。

〔註3〕五代‧劉昫：《舊唐書》，上海：漢語大詞典出版發行，2004 年，頁 1376。

〔註4〕吳士連：《大越史記全書》，館藏編號：A.3/1-4。

〔註5〕文迅、阮玲、黎文瀾、阮董芝、黃興：《雄王時代》，河內：社會科學出版社，1973 年，頁 19。

這些學者們可能尚未參考劉昫《舊唐書》一書，因此才有如此錯誤的推論，雄王這個名稱早已記載於《舊唐書》，而非越南儒家抄寫錯誤而成。中國學者于向東、劉俊濤則將諸家學者的觀點分為三種：

> 關於「雄王」、「雒王」稱謂之辯，中國、越南及其他國家一些學者多有論及，至今聚訟不定。大致有三種看法：一是本來的稱謂為「雒王」，後訛為「雄王」，而訛誤說又可分為因字形相近所致和有意改寫、主動選擇接受兩種意見；二是本來稱謂就是「雄王」，其來自古越南語「首領」、「酋長」之意，無所謂訛誤問題；三是以「雄王」稱謂為正，與交趾地區「厥氣惟雄」的習俗有關，後來訛為「雒王」。〔註6〕

問題就是，同是「luo」音，越南所使用的文字和中國文字大不相同，使我們難以解釋問題的答案。越南學者阮金壇和王祿將中國所記載「駱（雒）」和越南所記載「貉」加以分析，並釐清原因，他們認為中國所記載的「駱（雒）」跟越南農業無關，也和田水無關，而是反映了當時中國知識分子歧視越南的一種態度。他們說：

> 中國人所把越南早期稱為「駱王、駱民」的名稱，這是中國知識份子的態度對其他部族歧視。〔註7〕

他們又說：

> 但是為何越南儒家卻使用的「貉」文字呢？我們認為，這是因為越南人不接受有「馬」部的「駱」字，因為先人認為「駱」這是中國歧視的態度，「貉」字才包含代表一個種族的名稱的意義。〔註8〕

他們的觀點確實稍有特別之處，但是他們的論點太武斷，且缺乏根據。如果說「駱」字中帶馬部代表歧視的含義，那麼《水經注》使用的「雒」是否也帶有相同意涵呢？

　　中國古籍中有關越南雄王時代的記載比較模糊，且不一致，其中雄王時代的國號「文郎」不僅完全沒有提到，一直到宋代《太平禦覽》，其「文郎國」

〔註6〕于向東、劉俊濤：〈「雄王」、「雒王」稱謂之辯管見〉，東亞研究，2009年第5期，頁78。

〔註7〕阮金壇、王祿：《雄王建國·試探「貉」字的本義》，第 IV 集，河內：社會科學出版社，1971年，頁135。

〔註8〕阮金壇、王祿：《雄王建國·試探「貉」字的本義》，第 IV 集，河內：社會科學出版社，1971年，頁136。

的國號才出現。《太平御覽》卷第一百七十二引《方輿志》曰：

> 峯州承化郡古文郎國，有文郎水……蒼梧以南，有文郎野人，居無
> 室宅，依樹止宿、食生、採香為業，與人交易。〔註9〕

至於「貉王」和「雄王」一直都是個熱門的議題，越南學者文迅、阮玲、黎文
瀾、阮董芝、黃興將越南諸家學者的意見分為兩種：「貉王」觀點和「雄王」
觀點：

> 貉王的觀點：如阮芳、范文山……不認同雄王時代的存在。他們認
> 為，之所以有鴻龐氏和雄王是因為越南史家已依照舊史所抄寫的。
> 雄王十八世是模仿楚國十五代雄王。從貉王變成雄王的原因，是因
> 為封建史家故意改變所致。這批人，只認同古越歷史上提到的是「貉
> 粵」，其首領是貉王。

> 雄王觀點：如：裴有崇、范完美……雖然他們科學論點不超過黎與
> 在法治時期寫的資料，但是看來卻得到很多學者們的認同。這批人
> 認為，沒有從貉王寫錯成為雄王的現象。尤其是越南封建淵博的
> 史家。中國古籍記載越南歷史不如我們自己寫的歷史。他們稱我
> 們國王為貉王，我們稱我們國王為雄王乃是正確的。語言先有、文
> 字後出現，因此必要根據傳說、歌謠去研究在文字未有的上古歷
> 史。〔註10〕

黃興則認為雄王及貉王為同一人：

> 至於雄王的資料，有的檔記錄很仔細，有的很簡略。在撰寫的時候，
> 後者常以前者所記載為參考資料，然後取消一些不必要，或者比較
> 荒唐之處，從而縮小成為我國第一階段的歷史。每版本會有不同的
> 說法，但是基本上還認同雄王那個時代曾存在。根據資料的內容我
> 們可以看得出來：雄王及貉王是同一位。〔註11〕

綜上所述，以上所提及的中國古代文獻中所記載有關越南雄王時代的資料皆

〔註9〕宋・李昉：《太平御覽》，商務印書館，2005年，頁666。

〔註10〕文迅、阮玲、黎文瀾、阮董芝、黃興（Văn Tấn、Nguyễn Linh、Lê văn Lan、
Nguyễn Đồng Chi）：《雄王時代》（Thời Đại Hùng Vương），河內：社會科學出
版社，1973年，頁20。

〔註11〕黃興（Hoàng Hưng）：《雄王建國・在古籍中的雄王時代》（Hùng Vương dựng
nước.-thời đại Hùng Vương trong thư tịch cổ），第一集，河內：社會科學出版
社，1970年，頁91～94。

相當簡略,基本上從這些文獻,我們只能大概了解在此段時間,在交趾區域曾出現雄王這個朝代。不過,由於中國文獻所記載有關越南雄王時代的各種資料都被分散於各個朝代,又因前個朝代與後個朝代所記述的內容相差甚大,特別是在同一個時期所使用的名稱就至少有三種不同的說法。這些不同名稱的變化,究竟是由於後者的錯誤理解而產生,或緊緊是在文字上面有同音關係的緣故?不管如何,我們也不可否定,這些文獻對越南的影響,尤其是早期越南儒家所記載的資料。

二、中國文獻對越南雄王神話傳說的影響

越南有關雄王的文獻最早出現於西元十三、十四世紀,初期是被記載於漢文小說之中,諸如:《粵甸幽靈集》和《嶺南摭怪》。其中《粵甸幽靈集》只有唯一一則〈佑聖顯應王〉;《嶺南摭怪》則有較多記載、內容亦較豐富,例如:雄王的來源〈鴻龐氏傳〉、抗爭外邦〈扶董天王傳〉、克服自然〈傘圓聖王傳〉、風俗習慣〈蒸餅傳〉等。並且這些資料後來都被越南儒家統整、編輯成為越南歷史和雄王玉譜。

《粵甸幽靈集》是一本較早出現的越南漢文民間小說,主要記載越南各地方神靈廟的神蹟和靈驗異事,且在每則故事前都會言明其出處及來源,而其中有些故事是作者言明乃其參考中國文獻而來。我們先看《粵甸幽靈集》中〈佑聖顯應王〉的記載:

> 按《交州記》:王山精也。初,雄王有女曰媚娘,蜀王求婚,雉侯止之。時有二人自外來,拜求婚。王問之,曰:「一是山精,一是水精。」王曰:「我有一女,豈得兩賢?」約來日具禮,先來者與之。明日,山精將珍寶、金銀、山禽、野獸先來拜獻,王如約嫁之。山精迎回傘圓山。水精後至,悔恨不及。乃作雲雨,江水漲溢,率水族追之。山精張網橫截慈廉上流以扞之。水精從喝江入沱江襲之。山精神化,呼土人編竹禦之,以弩射之,水精退走。自此嫌讎,每年常漲水相攻雲。山精屢著靈應,方民賴之。陳重興元年,敕封「佑聖王」四年,加「匡國」二字。興隆二十一年,加「顯應」二字。[註12]

從故事內容來看,該傳說主要在解釋越南的自然現象,而裡面所提到的神靈

〔註12〕陳慶浩、鄭阿財、陳義主編:《越南漢文小說叢刊第二輯·第一冊》「神話傳說類」,《粵甸幽靈集》,台北:台灣學生書局,1992年,頁36。

也是越南富壽省和河西省地區所崇拜的神靈〔註13〕，另外，故事的前面已說明其源於《交州記》一書。不過，《交州記》已經失傳了，因此我們無法將其所記載的內容跟《粵甸幽靈集》所記載的內容相互比對。倘若該故事果真為李濟川參考《交州記》而作的話，我們可以推論：也許在《交州記》中除了記載〈佑聖顯應王〉之外，應該還有很多雄王時代相關的神話傳說，這些故事也已被編輯成為一個完整的系統，就像《嶺南摭怪》一樣，但由於某種原因使得李濟川不將它們記載於《粵甸幽靈集》之中。事實上，我們也很難去證實該推論的真偽，因為目前我們沒有任何《交州記》的相關資料，再者，《嶺南摭怪》也沒有說明參考資料究竟出自何處。

不僅〈佑聖顯應王〉，在《粵甸幽靈集》中，有非常多的篇幅都有參考自中國的文獻，其中最多的是《交州記》和《史記》兩本。

表1 《粵甸幽靈集》引用中國文獻資料表

《交州記》	布蓋孚祐彰信崇義大王、校尉英烈威猛輔信大王、保國真靈定邦城隍大王、佑聖顯應王、忠翊威顯大王。
《史記》	明道開基聖烈神武黃帝、大威忠輔勇武威勝公、洪聖佐治大王、都統匡國王、太尉忠惠公、證安佑國王、果毅剛正王、開天鎮國大王。
《南海記》	開元威顯大王

經過考察《粵甸幽靈集》裡的二十八篇，其中竟多達十四篇是參考中國文獻而來，而其主要的參考對象為《交州記》五篇、《史記》八篇、《南海記》一篇。值得注意的是，這些故事中所談到的人物大多屬於北屬時期的人物〔註14〕，此

〔註13〕在越南富壽省和河西省山精後來被跟傘圓神混合一體，在福壽省越池市兆村現在還流傳傘圓迎親的傳說、〈傘圓教民種植〉、〈傘圓捕獵〉等等。祭祀山精（傘圓）廟也很多，其中很多地方是當地人民為了紀念傘圓經過此地，或曾於此地大戰等事蹟。當筆者做田野調查的時候，聽一位福壽省的作家說，在福壽省青山縣的傜族有一戶丁家九世相傳奉祀雄王，只有長子才可以祭祀。但是，當筆者來丁家訪問的時候才發現，他們祭祀的不是雄王，而是祭祀傘圓。據說該習俗從越南丁部領的時候開始，當時丁家有一位功臣跟著丁部領打戰，戰勝回來，為了感謝傘圓神顯應幫助打敗敵人，自此丁部領交給他們奉祀傘圓的任務確立。至今丁家世代相傳已有十幾代。從 2002 年被發現之後，福壽省確定移到外面立廟奉祀，讓四方民眾來上香。
目前丁家還保留很多文獻，尤其是有一份資料記載有關傘圓顯應幫丁部領打敗敵人的版本。（參考附錄，圖）。
〔註14〕北屬時期是指當越南被中國上古漢朝統治的時期（公元前 179 至西元 938）。

外，每篇除了該神的傳說之外，還詳細地敘述英靈事跡，以及得到越南各朝代國王封神，後來這些封神美詞成為雄王牌位的稱號等。顯然，在撰寫這些故事的時候，李濟川除了參考中國文獻之外，還額外摻入各地神靈廟宇的英靈傳說，以及得到各朝代封神的名稱，使故事的內容更加豐富。

　　《嶺南摭怪》是「部分故事採擷自古老史書，而其本身亦成為為後世史家汲取的對象。〔註15〕」然而，《嶺南摭怪》的資料卻格外複雜，它不僅對於故事的來源沒有明說，還故意將中國不同神話傳說跟越南神話傳說相互參雜，成為一篇故事，〈鴻龐氏傳〉即為此類故事的代表。此外，該書還有很多故事內容跟中國神話傳說內容相似，使我們不禁懷疑這些故事來自中國史料的可能性。陳慶浩在《越南漢文小說叢刊第二輯·第一冊》「神話傳說類」，《粵甸幽靈集》前言的部分說：

> 越南神話傳說讀起來特別親切：李翁仲固是耳熟能詳的人物，神龜築城之傳說既見於《華陽國志》，至今仍有故事流傳。〈鴻龐氏傳〉謂涇陽王娶洞庭君龍王女，使人想起唐人李朝威之〈洞庭靈姻〉（或稱〈柳毅〉、〈柳毅靈姻〉），以及由此發展出來的戲劇《柳毅傳書》。過往之論者以出現時代定先後，作為《嶺南摭怪》所受中國文學影響之明證。〔註16〕

陳慶浩的觀點，跟越南阮朝儒家和當代學者們一樣，他們已經提出《嶺南摭怪》一書當中的內容都和中國神話有所關聯。首先早在十八、十九世紀，越南史家在撰寫越南史書的時候，已經切割出和中國神話傳說有關的內容，他們認為這是越南儒家有意將中國和越南神話傳說夾雜在一起，讓越南民族的神話傳說更加完備。不過有的學者認為，早在中國神話傳說記載成書之前，百粵地區就已在流傳類似的故事，然後在漢族和百粵族交流之後才被記載於中國古籍，所以今天越南的相關書籍和民間所流傳的神話傳說都起源於百粵地區。〔註17〕

〔註15〕陳慶浩、鄭阿財、陳義主編：《越南漢文小說叢刊第二輯·第一冊》「神話傳說類」，《粵甸幽靈集》，台北：台灣學生書局，1992年，頁1。

〔註16〕陳慶浩、鄭阿財、陳義主編：《越南漢文小說叢刊第二輯·第一冊》「神話傳說類」，《粵甸幽靈集》，台北：台灣學生書局，1992年，頁2。

〔註17〕阮青松：〈The Chinese-Vietnamese Cultural Exchange and Transformation in History: An Investigation into the Reception of Liuyi zhuan shu in the Medieval of Vietnam〉，http://khoavanhoc-ngonngu.edu.vn/home/index.php?option=com.content&view=article&id=2397:giao-lu-tip-bin-vn-hoa-trung-vit-trong-lch-s-kho-sats-tip-nhn-tich-truyn-liu-ngh-truyn-th-vit-nam-thi-trung-i&catid=121:ht-vit-nam-

在《嶺南摭怪》一書中，受中國文獻影響的情形更為複雜，基本上可以歸納為兩種，其一，內容和文字相同；其二，把一些中國神話的人物和故事跟越南神話混為一體。

在內容和文字相同的方面，以〈白雉傳〉為代表。雖然在《嶺南摭怪》書中，該故事的內容被添加一些情節，但仍保留中國資料所記載的基本內容。我們可以比較《嶺南摭怪》和中國漢代班固撰寫的《漢書》。《嶺南摭怪》說：

> 周成王時，雄王命其臣稱越裳氏獻白雉於週。言路不通，周公使人重譯然後始通。周公曰：「交趾短髮文身，露頭跣足，何由若此？」使者曰：「短髮以便入山林。文身為龍府之形，遊泳於水，蛟蛇不敢犯。跣足以便緣木。刀耕火種以避炎。檳榔以除汙穢，故成黑齒。」周公曰：「何為而來？」使者曰：「天無冽風淫雨，海不揚波，今三年矣，意者中國有聖人乎，故來！」周公嘆曰：「政令不施。君子不臣其人；德澤不加，君子不享其物。及記黃帝所言曰：『交趾方外，毋得侵之。』賞以重物，教戒放回」。越裳氏忘其歸路。周公命賜軒車五乘，皆為指南之制。使者載之，由扶南、林巴海際，其年而至其國。故指南車嘗為先導。後孔子作春秋，以文朗國為要荒之地，文物未備，故置而不載焉。〔註18〕

（漢）班固《漢書》卷九十六下，曰：

> 昔周公相成王，越裳氏重九譯而獻白雉。至王問周公，公曰：「德不加焉，則君子不饗其質，政不施焉，則君子不臣其遠，吾何以獲此物也？」譯曰：「吾受命國之黃耆，曰：『久矣，天之無烈風雨雷也，意中國有聖人乎？盍往朝之，然後歸之。』」王稱先王之神所致，以薦宗廟。太宗，漢文帝也。卻走馬，謂有人獻千里馬，不受，還之，賜道路費也。老子德經曰：「天下有道，卻走馬以糞」故贊引也。〔註19〕

從故事的內容而言，越南故事除了記載越裳氏向周公獻白雉之外，還增添了周公詢問越南風俗習慣的環節，以及「周公命賜軒車五乘，皆為指南之制」

trung-quc-nhng-quan-h-vn-hoa-vn&Itemid=187&lang=en

〔註18〕陳慶浩、鄭阿財、陳義主編：《越南漢文小說叢刊第二輯‧第一冊》「神話傳說類」，《粵甸幽靈集》，台北：台灣學生書局，1992 年，頁 54。

〔註19〕漢‧班固：《漢書》卷九十六下，台北：宏業書局印行，中華民國六十七年八月再版，頁 990。

和「由扶南、林巴海際」地名，但是基本上越南故事仍保持其根本的內容。從文獻角度來看，《嶺南摭怪》一書中，有非常多的段落它所使用的文字與中國文獻一模一樣。請參考以下的對照表。

表2　《嶺南摭怪》和《漢書》對照表

	《嶺南摭怪》	《漢書》
1	越常氏獻白雉於凋。言路不通，周公使人重譯然後始通	越常氏重九譯而獻白雉
2	周公嘆曰：「政令不施。君子不臣其人；德澤不加，君子不享其物。及記黃帝所言曰：『交趾方外，毋得侵之。』賞以重物，教戒放回	周公曰：德不加焉，則君子不饗其質，政不施焉，則君子不臣其遠，吾何以獲此物也？
3	使者曰：「天無列風淫雨，海不揚波，今三年矣，意者中國有聖人乎，故來！」	吾受命國之黃耇，曰：「久矣，天之無烈風雨雷也，意中國有聖人乎？盍往朝之，然後歸之。」

另外，在〈白雉傳〉中也有些段落、文字跟《漢書》如出一轍，例如：第一段的「君子不臣其人」、第二段的「君子不享其物」、第三段的「天無列風淫雨」和「意者中國有聖人乎」。雖然這些段落中仍有些用字遣詞不相同，例如：「君子不饗其質」與「君子不享其物」；或「政不施焉」與「政令不施」；或「德不加焉」與「德澤不加」等等。但是，這已足夠證明《嶺南摭怪》中的〈白雉傳〉確實參考了中國《漢書》的資料。

至於將不同神話傳說的人物和內容與越南神話傳說混為一體方面，以〈鴻龐氏傳〉為最佳例子。在〈鴻龐氏傳〉故事前段所提到的人物都與中國神話傳說的神農氏有極大的關聯，例如神農氏、帝宜、帝來等，這些人物都是神農氏的後代子孫。此外，涇陽王被認為是中國〈柳毅靈姻〉中的涇陽人物。很多越南學者認為，越南儒家故意將涇陽王加上是為了把涇陽王當作神農氏和雒龍君之間關係的橋樑。阮玲說：

> 〈鴻龐氏傳〉的撰者不一定要將〈柳毅靈姻〉的原文加上自己的作品，它只選擇一些重要的情節符合於自己的主題而已，因為他需要一個涇陽王人物形象以及神話的背景，從而可以把貉（貉龍君）和甌（甌姬）跟神農氏聯合在一起。〔註20〕

〔註20〕阮玲（Nguyễn Linh）：〈雄王是否為神農氏的後代〉（Phải chăng Hùng vương thuộc dòng dõi Thần Nông），頁35。

整體來說，越南儒家參考中國文獻有以下的理由：其一，越南儒家認為中國文獻出現的時間較早，較具真實性。其二，由於漢文是越南傳統社會所用於記錄各種文獻的文字，且中國的教材在越南被廣泛地推廣、使用，因此參考中國文獻將可以大大地簡化他們的考證工作。其三，中國文獻可以幫助越南儒家深入地了解當時民間流傳的各種神話傳說。因此，中國文獻資料的參考是不可缺少的研究環節。

第二節　越南史家與歷史化神話傳說

在越南史書中，大多會在第一卷就有有關於鴻龐氏的神話傳說，這部分常被分為：涇陽王、貉龍君和雄王三個階段，可視為鴻龐紀發展史上的三個階段。從此章的文字和記載內容，我們可以約略看出鴻龐紀的內容是從《嶺南摭怪》抄寫而來，其中涇陽王和貉龍君這兩個階段的敘述比較簡略，重點主要放在雄王階段。從理論角度來說，越南史家故意把神話傳說的歷史性加入史書，目的是為了證明自己民族的起源。

吳士連是越南史家也是第一位將神話傳說編入史書的人。吳士連從《嶺南摭怪》中挑選出較具有歷史性的神話傳說，再加以整理、排版以後，讓它看起來更具有真實性。此後，越南的後代史家都模仿《大越史記全書》一書，將有關雄王的傳說加入史書。不過，目前筆者所收集的越南漢文和越南文史書中有關雄王時代的記載都各自有不同的說法。

一、吳士連及歷史化神話傳說

在吳士連撰寫《大越史記全書》之前，越南陳朝黎文休就撰有《大越史記》和《越史略》〔註21〕、還有黎崱的《安南志略》〔註22〕，以及後黎潘孚先撰寫的《大越史記續編》。越南史家黎文休和潘孚先在撰寫史書的時候，可能不認同神話傳說的真實性，所以完全沒有提到鴻龐氏或雄王時代。另外，因為黎文休的《大越史記》是從「趙佗」談起，所以該書中完全沒有提到貉王、貉侯、貉將，或雄王，連中國古籍上明確記載的人物，安陽王，也完全沒

〔註21〕　《越史略》越南漢喃院館藏編號：VHv.1521。或稱為《大越史略》，撰者不詳，且其成書問世年代目前還有很多爭議，大多學者推論這是陳朝的作品。該書漢文版本目前在中國的《四庫全書》裡面，後來被翻譯成越南文。

〔註22〕　黎崱撰《安南志略》的時候，他人在中國，因此，其所使用的資料主要為中國書籍，所以至今很多學者都不認同他的觀點。

有提及。

　　黎崱在撰寫《安南志略》的過程當中，則是有大致地談到「雒田」、「雒民」、「雒王」、「雒侯」、「雒將」，並以《交州外域記》作為參考資料，甚至還刻意將其放在「古趾」的部分來做論述，可見他不承認這是越南史重要的一部分。

　　陳朝黎文休的《越史略》和黎崱的《安南志略》兩書的不同之處在於，《越史略》有提及「雄王」，但沒有談到「雒田」、「雒民」、「雒王」、「雒侯」、「雒將」，他把這些資料放在「國初沿革」當中，由此舉動可知黎文休對這些資料的重視。《越史略·卷上國初沿革》曰：

> 昔黃帝既建萬國，以交趾遠在百粵之表，莫能統屬，遂界於西南隅，其部落十有五焉，曰交趾、越裳氏、武寧、軍寧、嘉寧、寧海、陸海、湯泉、新昌、平文、文郎、九真、日南、懷驩、九德，皆禹貢之所不及。至周成王時，越裳氏始獻白雉，《春秋》謂之闕地，《戴記》謂之雕題。至周莊王時，嘉寧部有異人焉，能以幻術服諸部落，自稱碓王，都於文郎，號文郎國。以淳質為俗，結繩為政，傳十八世，皆稱碓王。越勾踐嘗遣使來諭，碓王拒之。週末，為蜀王子泮所逐而代之。泮築城於越裳，號安陽王，竟不與周通。〔註23〕

顯然，儘管《越史略》和《安南志略》沒有如《大越史記全書》一般，直接將雄王神話傳說加入史書成為越南初期歷史的一部份，但是《安南志略》已有利用神話傳說淺談越南雄王的來源，特別是《越史略》一書已將其放在「國初沿革」的部分，用以確定當時越南的領土邊疆，以及說明越南民族的來源。可以說，在吳士連著《大越史記全書》之前，《越史略》和《安南志略》是越南史家最早運用神話傳說來解釋越南民族起源的著作。

　　承接前輩的想法，吳士連進一步揀選出具有歷史性的雄王神話傳說，藉以確定了越南民族形成的脈絡。他根據〈鴻龐氏傳〉的內容將越南發展史分為三個階段：初期為涇陽王階段；其次是貉龍君階段，其三是雄王階段。其中，有關雄王時代的傳說故事可以說是數不勝數，例如：〈傘圓傳〉、〈蒸餅傳〉、〈扶董天王傳〉等等。

　　雖然吳士連有意將《嶺南摭怪》中有關雄王時代的故事傳說，整理、編輯成為越南第一階段歷史的一部分，但他卻把這段歷史放在《大越史記全書》

〔註23〕佚名：《越史略》，越南漢喃院越南漢喃院館藏編號：VHv.1521。

的外紀部分，而非放在正史的部分，讀者因而可知，這只不過是一個尚未確定的階段而已。但是，吳士連的所作所為，亦在無形之中將「雄王是越南始祖」的觀念扎根於越南人民心中。

那麼，當時吳士連特意將這些神話傳說加入到越南史書之中究竟有何目的呢？越南研究學者黎文蘭（Lê Văn Lan）認為越南史家將雄王時代神話傳說加入史書乃是因為種族優越感所致，他說：

> 趁十五世紀打敗中國得到獨立的勝利之後，為了想證明自己民族的
> 起源可以媲美中國人，所以前黎朝的史家已經參考唐代和宋代，以
> 及越南民間神話傳說，然而根據越南及中國南華地區之間長久歷史
> 的關係，從而造出來很多跟鴻龐時期相關的事情。〔註24〕

鑑於十四、十五世紀，越南封建國家正面臨外國侵略的威脅，尤以來自北方中國和南方占城國的侵擾最為嚴重，因此撰寫一本史書強調民族的起源，是有其必要性與重要性的。這也是為何當時越南封建政府，想要利用神話傳說再更深一層地詳細說明越南民族的起源，同時使越南的歷史能夠更臻完善，從而提高越南人民的民族自豪性，激發越南人民的團結心，共同抵抗外敵。

二、吳士連的歷史化神話傳說對越南史家的影響

吳士連所著《大越史記全書》問世之後，即刻造成了廣泛的影響，不論朝廷或民間人人都有「龍子仙孫」的想法，足見雄王在當時越南人的心中，儼然已成為越南人的國祖，隨後的雄王祭祀信仰也是伴隨這樣的觀念而廣泛流傳。至今，越南人「龍子仙孫」的思維仍是每個越南人都有的想法。值得一提的是，自黎朝以後，越南史家撰寫越南史書的時候，都會以《大越史記全書》為藍本，將鴻龐氏納為越南初期的歷史，尤其是阮朝。例如《越史綱目節要》記載：

> 雄王：舊史起鴻龐氏以涇陽王為首。然涇陽屬秦不涉我國。至於絡
> 竜君百之說，尤為怪誕不信。今依金仁山，前……雄王，加以涇陽
> 絡龍之事。附註其下以令疑傳疑之義。〔註25〕

〔註24〕黎文蘭（Lê Văn Lan）：《雄王建國・關於雄王時代的概念》（Hùng Vương dựng nước-Khái niệm về thời Hùng Vương dựng nước），第 4 集，河內：社會科學出版社，1974 年，頁 59。

〔註25〕鄧春榜：《越史綱目節要》，1801 年，越南漢喃院越南漢喃院館藏編號：VHv.2383。

這裡的「舊史」指得是吳士連的《大越史記全書》，表示在撰寫《越史綱目節要》時作者已經以《大越史記全書》為參考書籍。不過，從文章中我們可以看出，雖然作者有意模仿吳士連的方法，刻意將鴻龐氏部分視為越南史的源頭，並在每個段落又重申一遍，讓讀者清楚地明白這一點，但他自己卻對鴻龐氏的相關資料報有相當大的質疑，認為其是虛幻不實的故事。我們再看《越史標案》的記載：

> 削之按我越起邦雖在義頡之後而文字未行記載仍闕。其世次年紀、政治、風俗，傳疑傳信總屬無徵，朱子曰，讀書不可被史官……舊史壬戌紀年和所起其甲子，駱龍君紀號，何獨署於雄王赤鬼何名，乃以建國一般荒誕盡屬可刪。〔註26〕

到了二十世紀初，越南史家仍舊按照前人的想法，以《大越史記全書》的看法為基礎，將鴻龐時代視為越南初期歷史。《南越史略》曰：

> 據越史記載：鴻龐氏是神農氏的血統。〔註27〕

范文山的《越史全書》曰：

> 史家記載：統治貉越族的第一氏族稱為鴻龐氏。〔註28〕

除了說明其內容是參考《大越史記全書》之外，越南後代史家依然比照吳士連的方法將鴻龐氏分為涇陽王、貉龍君、雄王三個階段，甚至還有照搬原文者，且他們所挑選的故事也都大同小異。請參考以下的對照表：

表3　越南史書使用《嶺南摭怪》資料的對照表

	鴻龐氏	檳榔傳	一夜澤傳	董天王傳	蒸餅傳	白雉傳	傘圓傳	李翁仲傳
欽定越史通鑑綱目〔註29〕	✓					✓		
南越史略〔註30〕	✓					✓	✓	

〔註26〕吳時仕：《越史標案》十八世紀，共 3 版本，越南漢喃院越南漢喃院館藏編號：A.11：486；A.2977/1-4；A.1311；MF.997（A.11）。

〔註27〕阮文梅（Nguyễn Văn Mai）：《南越史略》（Nam Việt sử lược），西貢，1919 年，頁 VII。

〔註28〕范文山（Phạm Văn Sơn）：《越史全書》（Việt sử toàn thư），電子版，頁 38。

〔註29〕潘清簡主編，范春桂副主編：《欽定越史通鑑綱目》，嗣德 9 年（1856）至嗣德 34 年（1881），12 印刷版，7 抄寫版。

〔註30〕越南語版本，他不將鴻龐紀稱為鴻龐集，而稱為「初元時期 2617～257」。

越輿剩志全編〔註31〕	✓			✓		✓	✓
越史標案	✓			✓		✓	✓
越南事略〔註32〕	✓			✓			✓
南國史記〔註33〕	✓	✓	✓				

　　雖然他們所選擇的神話傳說是不同的故事，但整體而言，後代越南史家所選的故事，都是些具有歷史意義，並且皆可對照到不同的歷史事件，若將這些故事統整在一起，就可以完整地描述出一整個時代的社會面貌，例如：〈鴻龐氏〉說明雄王的來源；〈檳榔傳〉、〈蒸餅傳〉反映當時的風俗民情；〈董天王傳〉則是有關於抵抗外族侵略的故事。

　　由此看來，自從吳士連將雄王有關的神話傳說加入史書之後，已成為越南後代史家模仿的潮流。以阮朝為例，為了證明越南種族的來源，以及當時越南封建政府對於激發國內人民團結心和愛國情操的渴望，而進行了多項相關的研究，而這樣的做法在事實上也對越南人民的心理產生了重要的影響，特別是每當國家面臨外敵侵犯時，越南人民的團結精神更為明顯，也影響了自十四世紀之後的越南封建統治者對於該方面的重視程度，他們都盡可能地將有關雄王時代的神話傳說加入歷史，塑造出一個國祖的形象，以試圖提高自身封建君主的地位，另外，關於雄王祭祀信仰的方面，他們亦不遺餘力地想要奠定雄王在越南人心目中國祖的形象。

第三節　越南史書中對鴻龐時代和雄王時代的誤解

　　雖然越南後代史家大多模仿《大越史記全書》將雄王相關的神話傳說加在越南正史之中，但由於是不同的時代，尤不同的編撰者撰寫而成，導致不同版本的內文相異甚大，其中差異最大的部分有：一、對鴻龐紀和雄王十八世的概念，二、在位時間。

〔註31〕《越輿剩志全編》252 頁，越南漢喃院館藏編號：A.864；MF.1582。

〔註32〕陳重金（Trần Trọng Kim），《越南事略》（Việt Nam sử lược），1919 年。

〔註33〕《南國史記》，越南漢喃院館藏編號：A.1643；VHV.2021：抄於維新 2 年（1908）；MF.1628；A.1643。

一、對時代的誤解

在考察越南史書中有關鴻龐氏的書籍後，筆者發現，越南史家們所記載的鴻龐時代不盡相同，大略可以歸納為以下兩種說法：一、不認同雄王十八世中包含涇陽王和貉龍君，也就是說，若加上涇陽王和貉龍君，總共就會有二十世；二、雄王十八世有包含涇陽王和貉龍君。

（一）雄王時期是屬於鴻龐氏的一部分

一般來說，越南史家在撰寫鴻龐時代的時候，都會將鴻龐氏分為涇陽王、貉龍君、雄王三個階段。而早在十五世紀，吳士連就已經將鴻龐氏神話傳說分為涇陽王、貉龍君、雄王和侯王。《大越史記全書》的紀年目錄卷之一記載：

> 鴻龐氏紀：
>
> 　涇陽王
>
> 　貉龍君
>
> 　雄王：凡十八世皆號為雄王。
>
> 　侯王。〔註34〕

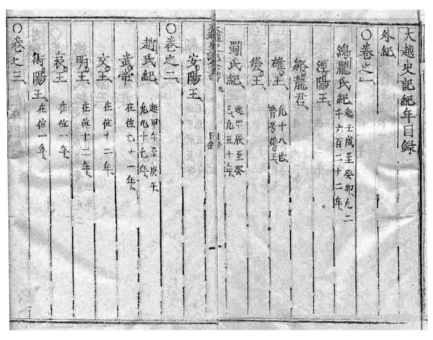

圖1　《大越史記全書》目錄

〔註34〕吳士連：《大越史記全書》，越南漢喃院越南漢喃院館藏編號：A.3/1-4。

　　顯然，吳士連已經完全依照〈鴻龐氏傳〉的內容，將鴻龐時代分為幾個不同歷史的階段。據〈鴻龐氏傳〉的記載，涇陽王得到「帝明」的重用，派他負責管理南方的赤鬼國，此被視為越南初期的歷史。貉龍君則是百越族之始祖，視為第二階段的歷史。雄王是貉龍君的長子（後傳十八世，皆稱雄王），是越南人的第一個國王，同時也是第三個歷史階段。由此可見，吳士連的說法，完全符合〈鴻龐氏傳〉的內容。可惜的是，他並沒有記載清楚雄王十八世中到底包括著哪幾位雄王，其順序又是如何？再者，在外紀的部分，吳士連只選擇《嶺南摭怪》中的幾個代表神話傳說來描述雄王時期的社會而已。

　　到了十八世紀，雄王十八世也被記載於《大越史略》中，不過，該部史書沒有參考《嶺南摭怪》的神話傳說，因此完全沒有提到涇陽王和貉龍君，僅有肯認雄王十八世而已。吳時仕在撰寫《越史標案》時，也將鴻龐時代分為涇陽王、貉龍君以及雄王三個階段，並且詳細地說明了涇陽王乃神農氏的孫子。貉龍君是涇陽王之子，雄王是貉龍君之子，雄王十八世皆號為雄王。《越史標案》曰：

> 雄王：
>
> 貉龍君之子，建國號文郎，都峯州峯州舊史東到海，西低蜀北至洞
> 庭南接胡孫，分國為十五部，……，十八世皆號為雄王。〔註35〕

《欽定越史通綱目輯要序》記載：

> 君位建國號文郎國，都峯州傳十八世皆成雄王。〔註36〕

陳重金《越南史略》記載：

> 鴻龐氏傳十八世，到癸卯（西元前 158 年）屬蜀王。從涇陽王至雄
> 王第十八世共有二十位國王，從壬戌（2879 年）至癸卯（西元前 258
> 年）共有 2622 年。〔註37〕

同樣的觀點，阮文梅在《南越史略》（1919 年出版），記載：

> 鴻龐氏
>
> 共有二十位國王，在位共有 2617 年（西元前 2874～257）〔註38〕

〔註35〕吳時仕，《越史標案》，十八世紀，共 3 版本，越南漢喃院館藏編號：A.11：
　　　486；A.2977/1-4；A.1311；MF.997（A.11）。

〔註36〕阮師黃：《欽定越史通綱目輯要序》，越南漢喃院館藏編號：A.2890/1-8。

〔註37〕陳重金（Trần Trọng Kim）：《越南史略》（Việt Nam sử lược），文學出版社，
　　　2008 年，頁 13。

〔註38〕阮文梅（Nguyễn Văn Mai）：《南越史略》（Nam Việt sử lược），西貢，1919 年，

范文山在《越史全書》一書說：

> 鴻龐氏是涇陽王和雒龍君領導的部族，鴻龐氏從涇陽王、貉龍君和
> 雄王十八世，駱王是越南初期的朝代。〔註39〕

以上為一些越南史家將鴻龐氏分為涇陽王、貉龍君和雄王十八世的憑證，且
這些史家的觀點皆受到吳士連的影響，他們不認同雄王十八代應該包括涇陽
王和貉龍君，而是將鴻龐氏分為三個階段，而此觀點也符合越南《嶺南摭怪》
一書〈鴻龐氏傳〉所述的內容，得到眾多越南學者的支持，他們反對越南史
家將鴻龐時代和雄王混為一體。黎文蘭說：

> 前人有時認不出來雄王時代和鴻龐紀，基本上雄王時期只可以算是
> 鴻龐氏的一部分。〔註40〕

事實上，這樣觀點是非常有力又合理的，因為根據〈鴻龐氏傳〉，鴻龐氏的涵
蓋時間可以從一開始算到雄王被蜀王消滅為止（吳士連將此段稱為鴻龐紀）。
而雄王十八世屬於鴻龐紀最後的階段，後來被蜀王打敗，修改國號為甌駱國。
問題是，大多越南史家都將這段歷史分為三個階段，卻又刻意將涇陽王和貉
龍君排除於雄王十八世之前。陶子開，在《雄王建國‧鴻龐氏和雄王是真實》
將鴻龐氏分為兩個階段：

> 對我來說，在越南歷史上，鴻龐時期包含兩個階段：第一階段是涇
> 陽王和貉龍君，這屬於新石時期；第二階段是雄王十八世，屬於青
> 銅時期……。涇陽王和雒龍君是新石時期兩個氏族的發展史……。
> 雄王十八世只可以出現於青銅時期，因為只有青銅時期才能夠建立
> 文朗國。〔註41〕

　　總而言之，部分的越南史家皆將雄王時代視為鴻龐時代的一部分，並區
分為三個小階段。此外，他們還將涇陽王、貉龍君與雄王十八世分別看待。
不過，有些史家依然認為鴻龐時代從涇陽王算起共有二十位國王，但因為沒
有明確指出雄王十八世究竟包括哪些國王，造成後代學者每次談到雄王十八

頁 VII。

〔註39〕范文山（Phạm Văn Sơn）：《越史全書》（Việt sử toàn thư），電子版，頁39。

〔註40〕黎文蘭（Lê Văn Lan）：《雄王建國‧關於雄王時代的概念》（Hùng Vương dựng
nước-Khái niệm về thời Hùng Vương dựng nước），第4集，河內：社會科學出
版社，1974年，頁57。

〔註41〕陶子開：《雄王建國‧鴻龐氏和雄王是真實》，第1集，河內：社會科學出版
社，1970年，頁33～34。

世的時候都以雄王玉譜為參考依據。

（二）鴻龐時代就是雄王時代

在越南文獻當中，有關雄王時代的敘述，雖然也與吳士連相同，將鴻龐時代分為三個階段，可是在提到雄王十八世的時候卻是從涇陽王算起，不知不覺中將鴻龐時代與雄王時代畫上等號。此觀點首先出現於雄王玉譜，後來到阮朝的時候，大多史家都已經贊同這個觀點，這也是為什麼後來的學者在討論雄王十八世的時候都以福壽省雄王廟的玉譜為依據。福壽省的玉譜記載：

> 雄陽王、貉竜君、雄國王、雄華王、雄曦王、雄暉王、雄昭王、雄暐王、雄定王、雄威王、雄禎王、雄武王、雄越王、雄英王、雄朝王、雄造王、雄毅王、雄璿王。

然而，將涇陽王和貉龍君放在雄王十八世當中的這個作法仍存有許多漏洞，福壽省雄王玉譜中記載涇陽王建國以「赤鬼國」為國號，雄王國為「文郎國」，那麼為何「赤鬼國」的國王會變成「文郎國」的第一位國王呢？如此豈不是相當矛盾嗎？難道「赤鬼國」和「文郎國」是同一個國家？這樣的矛盾也大大地影響到越南後代史家和研究學者的觀點，例如《南國歷代世次年表神譜》，為阮朝的一部史書，在鴻龐紀部分，該書的確將鴻龐氏分為：涇陽王、貉龍君和雄王三個階段，但在雄王時代的部分卻將涇陽王列為雄王十八世的第一位國王。《南國歷代世次年表神譜》曰：

> 雄王：右鴻龐氏十八世自涇陽王起。〔註42〕

這種說法是極具爭議的，為什麼呢？首先，我們向來只有雄王十八世的說法，而沒有鴻龐氏十八世的說法。其次，若將涇陽王和貉龍君囊括在雄王十八世裡頭，則沒有將鴻龐氏分成三個階段的必要。最後，將「鴻龐氏」放入雄王的部分是毫無意義的，因為按照他們的觀點，雄王本來就是鴻龐氏的。（參圖2）

《越國史改良》也是阮朝的一部史書，在鴻龐紀的部分，作者似乎有意不把中國神農氏或其他中國神話相關的部分納入，因此筆者欲從貉龍君和嫗姬的部分談起。裡頭除了說明雄王建國以文郎國為國號之外，還特意將雄王十八世的各個名稱列舉出來。《越國史改良》記載：

〔註42〕《南國歷代世次年表神譜》，越南漢喃院越南漢喃院館藏編號：A.705。

南國歷代世次年表神譜

鴻厖氏紀

涇陽王

貉龍王

雄王

安陽王

趙紀武帝

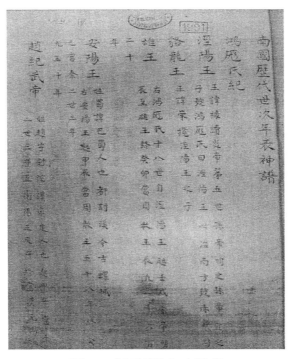

圖2　南國歷代年表神譜

> 涇陽王為雄陽王，貉龍君為雄賢王，之後子孫嗣位皆稱雄王：雄曄王、雄昭王、雄暐王、雄定王、雄曦王、雄楨王、雄武王、雄武王、雄越王、雄英王、雄朝王、雄造王、雄毅王、雄璿王。〔註43〕

從以上的引文，我們可以發現幾個問題：一、明明這本書是從雄王談起，但是內文卻不見雄王這個名稱的出現。根據福壽省雄王玉譜，雄王排在第三位，即在涇陽王和貉龍君之後，但是這裡的第三位國王卻是雄曄王。二、這裡的貉龍君被稱為雄賢王，但在福壽省雄王玉譜中，仍是稱作貉龍君。三、該書所列出雄王十八世的名稱數量並不足十八位，只有十六位而已。（參圖3）

我們可以看到，《越國史改良》和福壽省玉譜相異甚大，《越國史改良》中所記載的雄王數量不僅比福壽省雄王廟玉譜中所列還少兩位之外，其順序上也存在許多問題。在《越國史改良》版本，除了從第三世到第十世在位者的順序不一樣之外，其餘的有些可以在福壽省雄王廟的雄王玉譜看到，卻不見於《越國史改良》之中，例如：第三世的雄國王和第六世的雄暉王。

〔註43〕《越國史改良》，越南漢喃院館藏編號：A.1146/1-2。

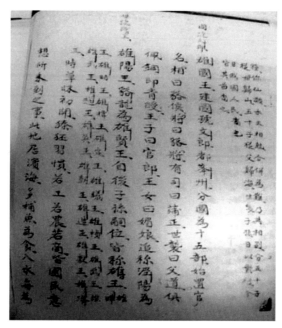

圖3　《越國史改良》

　　而且，越南儒家在撰寫雄王玉譜的時候已把涇陽王和貉龍君算入雄王十八世之中，甚至為了讓其看起來更具有可靠性，還有意將他們的名稱改成雄王的名稱。不過問題是，雄王的名稱起初是被用於稱呼貉龍君的長子，後來才成為雄王十八代的名稱，那麼究竟為何貉龍君最後會被改稱為雄賢王呢？

二、對在位時間的誤解

　　依〈鴻龐氏〉記載，鴻龐時代包括涇陽王、貉龍君以及雄王十八代，總共二十代，但該故事並無說明鴻龐氏二十代總共延續多久時間，一直到吳士連編撰《大越史記全書》，才有說明鴻龐氏起迄於何時，以及個別在位多少年。《大越史記全書》曰：

　　　　鴻龐氏起壬戌至癸卯兩千六百二十二年。〔註44〕

到了阮朝，很多越南史家都認同吳士連的觀點，認為鴻龐氏在位時間共有兩千六百二十二年。《大南國史演歌》：

　　　　鴻龐氏自涇陽王至後雄王凡二十世，二千六百二十二年。〔註45〕

〔註44〕吳士連：《大越史記全書》，越南漢喃院越南漢喃院館藏編號：A.3/1-4。
〔註45〕范庭碎：《大南國史演歌》，嗣德23年，越南漢喃院館藏編號：AB1，VNv.3，
　　　　VNv.117，VNv.118。

後來縱使有些史家明確提出鴻龐氏起於壬戌年至癸卯年結束的說法，但是他們所提有關於鴻龐氏在位時間的部分卻跟吳士連所記載的大不相同，《南國歷代世次年表神譜》曰：

> 鴻龐氏十八世自涇陽王起壬戌，當帝明辰至雄王終癸卯……二千六百二十。〔註46〕

《越史綱目節要》中所敘述的鴻龐氏在位時間為二千六百三十二年。《越史綱目節要》曰：

> 善亭按舊史文郎國起鴻龐氏。壬戌受封與帝宜同辰，傳至雄王。當周卯王五世親年癸卯終。凡十八世共二千六百三十二年。安有二千六百三十二年而出十八世者。謬其甚矣。始存後考。〔註47〕

二十世紀初的越南史家也提出了不同的說法，阮文梅《南越史略》曰：

> 鴻龐氏二十世共二千六百一十七年（西元前 2874 年至西元前 257 年）〔註48〕

范文山《越史全書》曰：

> 鴻龐氏公從元前 2879 至西元前 258 年。〔註49〕

陳重金《越南史略》曰：

> 鴻龐氏從西元前 2897 年至西元前 258 年。〔註50〕

此外，在《歷代世紀》中則認為歷代雄王的在位時間共有二千六百二十二年，曰：

> 雄王：傳十八世皆稱雄王共二千六百二十二年。〔註51〕

可以說，從吳士連確定鴻龐氏在位時間之後，在位期間的說明蔚為一股潮流，似乎每位越南史家提到鴻龐時代的時候，都會進行說明究竟該時代流傳多久時間。不過，在不同版本著作會出現不同的說法，其原因可以歸納如下：

其一，歷史化神話，鴻龐時代是神話傳說的故事，後來吳士連將其納入

〔註46〕《南國歷代世次年表神譜》，越南漢喃院館藏編號：A.705。
〔註47〕越南漢喃院館藏編號：Vhv.2383。
〔註48〕阮文梅（Nguyễn Văn Mai）：《南越史略》（Nam Việt sử lược），電子版，1919 年，頁 1。
〔註49〕范文山（Phạm Văn Sơn）：《越史全書》（Việt sử toàn thư），電子版，頁 20。
〔註50〕陳重金（Trần Trọng Kim）：《越南史略》（Việt Nam sử lược），文學出版社，2008 年，頁 13。
〔註51〕《歷代世紀》：越南漢喃院館藏編號。

正史，為了證明該時期確實存在，吳士連才刻意勉強按照神話傳說的內容來推論它的在位時間，使其更具真實性。後代史家基於此目的，所以也會確定鴻龐時代的在位時間。

其次，資料的不正確。越南文字比較晚出現，很多神話傳說或相關的歷史資料，或是由民間口耳相傳而得以保留，或是依中國古籍所記載為憑據。然而，中國古籍沒有說明任何有關該時代之始與末的時間，越南神話傳說亦是如此。因此越南史家似乎都以吳士連的推論為依據，後來再由於各個史家的觀念與想法不同，尤其是鴻龐時代和雄王時代的區分問題，導致彼此之間說法上的差異。

第四節　雄王的玉譜

目前在富壽省的雄王廟和在富壽省鄰近的雄王廟還保存一些雄王玉譜，其主內容要記載相關雄王時代的事跡，例如雄王的來源、雄王選都、抗爭外侵，以及當時一些風俗來源等等。富壽省雄王玉譜也是越南漢文雄王相關資料具有價值其中之一，因此它早已被越南學者視為證明雄王時代的古老資料，特別是證明雄王祭祀信仰習俗以及當地的一些傳統風俗。

不過這些版本之間卻出現一些不同之處，特別是福壽省山西鎮臨山圍縣春㘰社和福壽省山西鎮臨山圍縣周化總微崗社和南定省南直縣雲瞿社版本之間有許多不同之處〔註52〕。但是，南定省版本所使用的文字卻有很多段落跟富壽省一模一樣，因此可以看得出來它們之間有了密切的關係。

一、福壽省版本與南定省版本

福壽省和南定省雄王玉譜收藏於兩個不同的地方，其主要的內容都是記載雄王的事跡。從格式的角度來看，二者有很大的差別，南定省版本很清楚地分為幾個不同的步驟，福壽省版本則從頭到尾融為一體。從內容觀點而言，二者所記錄的內容沒什麼差異，但是故事中有些地方的順序顛倒，似乎抄寫者刻意要讓它看起來像一個新的版本。更值得注意的是，二者所使用的文字大多相同，有些地方只是稍微修改一兩個文字而已，因此我們可以聯想到它

〔註52〕 在此小節筆者所使用的版本越南漢喃院館藏編號：VHt 99。目前被越南學者視為雄王玉譜目前所流傳中最早的版本。和南定省唯一的版本。該版本在2011年由越南漢喃研究院的范氏香蘭發現及譯成越南文。

們之間的關係。

（一）福壽省版本

根據該版本所記載的內容，以及文本與字形的考察，可推論此為手寫的版本，也並非僅由一人書寫，而是由三個人完成的。該版本可以分為三個部分：

第一：介紹祭田，編寫於阮朝明命七年之後（1826 年）。

第二：介紹祭田總數、乙山聖、遠山聖的生日及祭日等未明言之時間。

第三：雄王十八葉聖王玉譜古傳。在 1b 頁記載：「皇朝弘定元年庚子冬十月吉日（1600 年）翰林侍讀阮仲重訂禮番黎廷□承抄」，在 21b 頁，記載「洪德年壬辰春三月穀旦」（1470 年）。不過，「洪德元年」是相當於「庚寅」，並非「壬辰」。因此筆者推論，該版本根本不是抄 1470 年的版本，而只是故意變造才這樣記錄，使其彷彿更具有價值，為了表示是可靠的版本而已。若是該版本真正是在後黎朝後期 1600 年時重抄 1470 年的版本，則不會發生這樣嚴重的錯誤。因為，若正本果真編寫於 1470 年的話，則應不會寫錯當時年代。

（二）南定省版本

南定省版本是印刷版本（封面和前面幾頁失傳）。若將該版本與福壽省版本來比較的話，可以說該版本的結構比較完整，分成四個部分。

第一，介紹雄王十八世在位的時間以及其年紀和妻子、子孫的數量（前段已失傳，因此目前所留下的是從雄王第五世雄曦王開始）。

第二，介紹祭祀雄王的上宸宮殿、中宸宮殿、下宸宮殿三間座廟宇。

第三，介紹在越南各地奉祀。

第四，百粵始祖，雄王事跡玉譜古傳。

根據該版本中的記載，該版本撰寫於嘉隆元年正月孟春吉日（1802），由翰林學士國子監阮庭辰奉命撰寫。

至於該版本第四部分的內容，即「百粵始祖，雄王事跡玉譜古傳」，跟福壽省版本的「雄王十八葉聖王玉譜古傳」有差異。該問題筆者會在後文進一步詳細討論。

二、版本的差異

我們先看一下對照表：

表4　富壽省和南定省版本差異

秩序	福壽省版本			南定省版本		
	各　代	在位時間	在世時間	各　代	在位時間	在世時間
1	雄陽王	215	260	缺	缺	缺
2	貉竜君	400	420	缺	221	缺
3	雄國王	221	260	缺	缺	缺
4	雄華王	300	未明言	缺	缺	缺
5	雄曦望	200	未明言	雄曦王	200	599
6	雄暉王	87	100	雄曄王	81	580
7	雄昭王	200	未明言	雄暉王	200	692
8	雄暐王	100	未明言	雄寧王	100	642
9	雄定王	80	未明言	雄昭王	80	602
10	雄威王	90	未明言	雄威王	90	512
11	雄禎王	107	未明言	雄禎王	107	514
12	雄武王	96	未明言	雄武王	96	496
13	雄越王	105	未明言	雄越王	105	502
14	雄英王	99	未明言	雄定王	99	386
15	雄朝王	94	未明言	雄朝王	94	286
16	雄造王	92	未明言	雄造王	92	273
17	雄毅王	106	未明言	雄毅王	160	217
18	雄裔王	115	未明言	雄裔王	150	227
共		2761			2655	8618

（一）雄王歷年、在位時間的差異

根據以上的對照表，我們會很容易看出來該兩版本的差別。最明顯的是有關雄王十八世在位的時間。在福壽省版本記載共有 2761 年，南定省版本則記載共有 2655 年，二者相差 106 年。其中，第六世雄王雄暉王（福壽省版本）與雄曄王（南定省版本）相差 6 年；第十七世雄毅王差 54 年；第十八世雄裔王差 35 年，總共 105 年（如上所提及，南定省版本前段失傳，因此兩版本差別還缺少 1 年，但不知是在哪一世）。那麼到底雄王十八代在位多久時間，這是一個很複雜也值得注意的問題，我們再看越南其他書籍如何記載。

根據《大越史記全書》中記載，鴻龐時代從西元前 2879 年起至西元前

258 年結束，共有 2622 年存在時間，雄王廟石碑記載：「雄王歷年二千六百二十有二」。可以說，由於雄王十八世故事是從神話傳說而來，其資料主要的流傳方式都是靠口耳相傳而來，其所流傳的資料都頗具神奇怪誕的成分在內，比如一個人可以活幾百年，或者在位幾百年等等。後來一直到十四世紀該神話故事才記載於《嶺南摭怪》一書中，可惜該書沒有說明雄王十八世一共在位多久時間。目前所找到的雄王玉譜，大多從民間傳說流傳下來，或是根據某版本抄寫而來，造成了有很多不同的說法，這是在神話傳說資料當中普遍存在的問題。

至於雄王在位時間的問題，至今有的學者仍以中國史料為依據，然而依此推論雄王大約存在 300 至 400 年左右〔註 53〕，但是筆者認為該論述恐怕不具說服力。此外，這兩個版本還有一個很明顯的差異，即是福壽省版本沒有雄王各世的年紀和其妻子、子孫。可以說，這方面福壽省版本比較缺乏，不如南定省版本來的詳細。

（二）雄王十八世名稱及順序差異

據民間口頭耳傳以及記載於越南書籍中的資料，我們可以說，雄王時代當時的社會已進入父權社會，即父傳子，代代相傳共有十八世。由於各版本所記錄的不一致，使我們難以確定這十八世到底包括哪幾位？其名稱及順序如何？在本小節，筆者不以各世雄王存在的準確性為重，而主要探討這兩個版本之間所記載的差異性。

目前，越南最早記載有關雄王時代的書籍是《大越史記全書》和《嶺南摭怪》。可惜，這兩版本只著重於記錄雄王的起源及當時發生的事情，沒有明言雄王共有幾世與其名稱。但是，在福壽省版本與南定省版本則記載得很清楚，不過二者之間卻有了些出入，例如同一個時代但各版本所記載的名稱不同。

從此我們可以看得出來這兩個版本的差異。例如：雄暉王在福壽省版本排在第 6 世，南定省版本卻排在第 7 世；雄昭王在福壽省版本為第 7 世，而南定省版本在第 9 世；同樣的，雄定王於福壽省版本位於第 9 世，南定省版本則是在第 14 世。此外，南定省版本的第七世是「雄暐王」，第八世是「雄寧王」，但是在福壽省版本並未出現。反而南定省版本沒有雄暉王、雄英王。

〔註 53〕李太勇（Lý Thái Dũng）：《雄王時代九十九個問答》（99 câu hỏi đáp về thời đại Hùng Vương），勞動出版社，2008 年，頁 61。

為了了解這個問題，我們再看今日越南學者的看法如何？我們看阮光勝、阮伯世在《越南歷史人物詞典》一書中記載：

1. 涇陽王號為雄陽王
2. 貉龍君號雄賢王
3. 雄璘王
4. 雄曄王
5. 雄曦王
6. 雄輝王
7. 雄昭王
8. 雄暐王
9. 雄定王
10. 雄曦王
11. 雄禎王
12. 雄武王
13. 雄越王
14. 雄英王
15. 雄朝王
16. 雄造王
17. 雄毅王
18. 雄裔王〔註54〕

可以說，該說法跟福壽省版本所記載比較接近，除了第三世與第四世兩者不一樣之外，其順序及雄王各代的名稱都一模一樣，很可能他們已經使用另一個版本為考察資料，造成另一不同的說法。

（三）事情發生的時間差異

除了上述所提的不同之處，這兩個版本的玉譜還有另一個很明顯的差別，即同個事件（故事），但出現在不同的時間。例如，都是「董天王傳」的故事，福壽版本記載於雄曦王第五世，但在南定省版本卻是雄曄王第六世時的故事。

〔註54〕阮光勝、阮伯世（Nguyễn Quang Thắng、Nguyễn Bác Thế）：《越南歷史人物詞典》（Từ điển nhân vật lịch sử Việt Nam），河內：文化出版社，1999 年，頁 296～297。

　　「扶董天王」故事是個不僅廣泛地流傳在民間，且早已出現在越南古今書籍上的故事。例如神話傳說的書籍有：《嶺南摭怪》，史書有：《大越史記全書》、《越南史略》、《越史標案》等。其中，除了吳時仕1775年撰《越史標案》未記載這個故事發生的時間之外，其餘都有明確記載。例如：

　　　　《嶺南摭怪》記載：「雄王之世（乙本：『世』作『第六世』）」。
　　〔註55〕

　　　　《嶺南摭怪外傳》記載：「雄王傳第六世」。〔註56〕

　　　　《新編天南雲錄列傳》（出自《嶺南摭怪》）亦記載：「昔雄王六世」。
　　〔註57〕

　　　　《大越史記全書》曰：「雄王第六世」〔註58〕

　　　　《越南史略》曰：「雄王第六世……」。〔註59〕

可以說，「扶董天王」故事發生於雄王第六世的說法，受到古今研究學者的認同和越南古今書籍所記載的大多傾向這個觀點。很有可能，他們是根據某個版本或某地的傳說，後來將其視為正確的說法。因此可以說，福壽省版本所記載「扶董天王」發生在雄王第五世是罕見的說法，而這種說法也是我們必須思考的問題。

三、福壽省版本及南定省版本的關係

　　如果只看這兩個版本所記錄的時間、作者、內容的差異，以及收藏的地方，很有可能會讓我們以為這兩個版本之間沒有存在任何關係，但是經過考察，我們可以證明它們之間的確有很密切的關係。原因有二：

　　其一，就內容而言，雖然這兩個版本的內容有些地方順序不同，但是其內容似乎有重複出現，福壽省版本所記錄的故事，都有出現在南定省版本中。例如：百粵來源、女巫、扶董天王及安陽王等。

〔註55〕陳義、蔡忠霖、朱鳳玉、汪娟：《嶺南摭怪》，法國：遠東學院出版，台北市：學生書局發行，1992年，頁46。
〔註56〕陳義、蔡忠霖、朱鳳玉、汪娟：《嶺南摭怪》，法國：遠東學院出版，台北市：學生書局發行，1992年，頁148。
〔註57〕陳義、蔡忠霖、朱鳳玉、汪娟：《嶺南摭怪》，法國：遠東學院出版，台北市：學生書局發行，1992年，頁199。
〔註58〕吳士連：《大越史記全書》，越南漢喃院館藏編號：A.3/1-4。
〔註59〕陳重金（Trần Trọng Kim）：《越南史略》（Việt Nam sử lược），文學出版社，2008年，頁22。

其二，從文本學考察而言，二者所使用相同的文字達 90%以上。幾乎每一段落只有一兩個文字被替換或增添而已，其他的都一模一樣。（圖）

表5　富壽省版本和南定省版本相同對照表

富壽省版本	南定省版本
初炎帝三孫明生帝宜⋯⋯嶺南界在雲南白虎峝⋯⋯接德。仙娘⋯⋯而生涇陽王⋯⋯	初炎帝三孫明生帝宜⋯⋯嶺南界在雲南白虎峝⋯⋯接德。仙娘⋯⋯而生涇陽王⋯⋯

這可證明兩者之間有密切關係的重要依據。同時這也是目前越南所收集到的漢喃文本普遍存在的情況之一。雖然每個版本都刻意記錄不同的時間、作者，甚至還故意記載作者是國子監翰林學士，或由禮藩等官僚承抄，使我們很難確定其真偽。但是，只要把這些版本加以對照就不難找到其中真相。

總之，藉由加油添醋更改內容、替換文字故意變造新本，是目前我們所收集到的漢喃文本尤其是神蹟、玉譜類的文獻比較普遍的情況。各種變造的版本，大部分都有一個共通點，就是故意記錄不同的時間以及作者的全名、職業，使讀者相信這是正本，或很可靠的版本。不過這些版本的缺點在於文本的形式、內容，尤其是文字、文法結構方面極為類似。

總結上述，筆者有以下的結論；其一，這兩個版本不屬於同一個作者，並更改其時間、格式，使內容更臻完善。因為如果是修改過的版本，其結構、時間、內容以及文字會有所改變，但是仍會記載同一個作者的名稱；但是這兩個版本如果都是同一個作者，我們可以肯定這兩者其中一個是尚未修改的版本。但是這兩個版本都未能符合以上的要求。

其次，二者之間的差異會有以下的假設：一，這兩者其中一個不是抄本，但卻又故意將其變造，以更改其內容、情節、文字、作者名稱以及記載時間而形成新的版本；二，也許這兩個版本都是向其他版本抄寫而來的（即這兩者屬於 F1，或 F2，或 FX⋯⋯的版本）同時它們所抄的版本其中有一個是正本，後來故意被抄寫為新的版本。

因此可以說，將目前所收集各版本的雄王玉譜對照，根據其格式、內容及文字來判斷它們之間的關係，是十分重要的工作。由此可以確定何者為正本且發現越南之前漢喃文本被變造的情形。

第三章　越南雄王故事與起源的推測

　　目前在越南所流傳相關雄王神話傳說可分為兩種類別：漢文類和越南文類。漢文類早在十三、十四世紀已經被越南儒士加入《粵甸幽靈集》和《嶺南摭怪》中，這可以算是越南最早出現的雄王資料，但是數量不多。越南文類比較晚出現，大多都從當代民間傳說授集編纂成書，目前最廣為人知的有《雄王——祖土地區的神話》和阮克昌的《雄王傳說》兩部書。其內容比較豐富，而有關雄王時代的起源則有：〈鴻龐氏傳〉、當時越南風俗習慣如：〈蒸餅傳〉、農業起源如：〈雄王教導人民耕種〉、抵抗外族入侵如：〈扶董天王傳〉、自然相關如：〈傘圓傳〉等等。

第一節　雄王來源及神農氏的血統的關係

　　〈鴻龐氏傳〉是雄王神話傳說中的一則神話，其主要內容記載相關雄王時代起源及其發展脈絡。其中說明鴻龐氏是神農氏的子孫，同時鴻龐氏被視為是漢族的旁支。這種說法已經得到越南阮朝儒家以及現代社會研究學者的關注，他們認為，這種觀念是之前越南儒家刻意把中國神話加入之故，使雄王的身世跟中國皇帝一樣高貴。

一、越南漢文文獻記載

　　《嶺南摭怪》的〈鴻龐氏傳〉中記載：

　　　　炎帝神農氏三世孫帝明生帝宜，既而南巡至五嶺，接得婆仙之女悅
　　　　之，納而歸；生祿續，容貌端正，聰明夙成。帝明奇之，使嗣帝位。
　　　　祿續固讓其兄帝宜不敢奉命。於是帝明立宜為嗣，以治北地。封祿

續為涇陽王以治南方，號其國為赤鬼國。涇陽王能行水府，娶洞庭君女曰龍女，生崇纜，號為貉龍君，代父以治國。涇陽王不知所終。

龍君教民耕種衣食，始有君臣尊卑之序，父子夫婦之倫，或時歸水國而百姓晏然，不知所以然者。民或有事，則呼貉龍君曰：「逋乎，不來以求我輩。」龍君即來，其顯靈感應，人莫能測。

帝宜傳子帝來，以北方無事，乃命臣蚩尤代守國事而南巡赤鬼國。時龍君已歸水府，國內無主。帝來乃留其愛女嫗姬與部眾侍婢居行在而周行天下，遍觀形勢。見奇花異草，珍禽異獸，犀象玳瑁，金銀珠玉，椒桂乳香，沉檀等味，山殽海錯，無物不有。又四時氣候不寒不熱。新愛慕之而忘返。南方之民，苦於煩擾，不得安帖如初，日夜望龍君之歸，乃相率呼龍君曰：「逋乎在何方？當速來求我」龍君倏然而來。見嫗姬獨居，容貌絕美，龍君悅之，乃化作一好兒郎，豐姿秀麗，左右前後侍從者眾，歌吹之聲達於行在，嫗姬見之，心亦悅從。龍君迎歸於龍裝岩。及帝來還，不見嫗姬，命群臣遍尋天下。龍君有神術，變現萬端，妖精鬼魅、龍蛇虎象，尋者畏懼，不敢搜索。帝來亦北還，再傳至帝榆罔，與黃帝戰於版泉，不克而死，神農氏遂亡。

龍君與嫗姬相處，其年而生得一胞，以為不祥，棄諸原野。過七日，胞中開出百卵，一卵一男，歸而養之，不勞乳哺，各自長大，智勇俱全，人畏服，謂其非常之兄弟。龍君久居水府，母子獨居，思歸北國。行至境上，黃帝聞之懼，分兵禦塞外，母子不得歸，回南國，日夜呼龍君曰：「逋在何處，使吾母子悲傷！」龍君忽然而來，遇於襄野。嫗姬泣曰：「妾本北人，與君相處，生得百男，不同鞠育，請於君從，忽相遐棄，使為不相夫無婦之人，徒自傷耳。」龍君曰：「我是龍種，水族之長，你是仙屬，地上之人，本不相配。雖陰陽之氣，合而有子，然方類不同，水火相剋，難以久居。今為分別，吾將五十男歸水府分治各處，五十男從汝居地上，分國而治，登山入水，有事相關無得相廢。」百男各自聲受，然後辭去。

嫗姬與五十男居於峰州（今白鶴縣是也），自推尊其雄長者為主，號

曰雄王，國號文郎國。其國東夾南海，西抵巴蜀，北至洞庭，南至
狐猻精國（今占城是也）。分國中為十五部（一作郡）：曰交趾、朱
鳶、寧山、福祿、越裳、寧海（今南寧處是也）、陽泉、桂林、武寧、
伊驩、九真、日南、真定、桂林、象郡等，命其弟分治之。置其次
為將相，相曰貉侯，將曰貉將，王子曰官郎，女曰媚娘，司馬曰蒲
正，奴僕曰𤞚，婢隸曰精，稱臣曰魁，世世以父傳子，曰父道。世
主相傳皆號雄王而不易。時山麓之民漁浇于水，往往為蛟蛇所傷，
白於王。王曰：「山蠻之種與水族實殊，彼好同惡易，故相侵害。」
乃令人以墨刺畫其身，為水怪之狀，自是蛇籠無咬傷傷之患。而百
粵文身之俗實始於此。國初，民用未足，以木皮為衣，織菅草為席，
以米渧為酒，以桄榔傻櫚為饌，禽獸魚鱉為鹹，以薑根為鹽。刀耕
火種，地多糯米，以竹筒炊之。架木為屋，以避虎狼之害。剪短其
髮，以便入林。子之生也，以蕉葉臥之；人之死也，相舂，今鄰人
聞之，得來相救。男女嫁娶，先以鹽封為問禮，然後殺牛羊以成禮。
以糯飯入房中相食畢，然後交通，以此時未有檳榔故也。蓋百男，
乃百粵之始祖也。〔註1〕

根據以上的引文，可知雄王族譜的脈絡為：神農氏－（未明言）－帝明－涇
陽王－貉龍君－雄王。其中，自涇陽王開始稱王及建立國號，但是從涇陽王
到雄王只經過一次國號的更改。涇陽王以「赤鬼國」為國號，到駱龍君時卻
沒有改變，傳到雄王時國號改為「文郎國」，同時將國內分為十五部：交趾、
朱鳶、寧山、福祿、越裳、寧海（今南寧處是也）、陽泉、桂林、武寧、伊驩、
九真、日南、真定、桂林、象郡等。可以說，涇陽王和駱龍君雖然有國號，但
是很多學者認為這只不過是初期過渡的階段，直到雄王時代，國家政治制度
才真正建立。

　　至於雄王身世的來源，從《嶺南摭怪》成書問世至今，一直是越南國內
外爭議的焦點。早在十五世紀，吳士連撰寫《大越史記全書》時，已經提出一
個很重要的問題。《大越史記全書》曰：

　　　　王娶洞庭君，女曰神龍生貉龍君按《唐紀》，涇陽時有牧羊婦，自謂
　　　　洞庭君少女。嫁涇川次子，被黜寄書與柳毅，奏洞庭君。則涇川、

〔註1〕陳慶浩、鄭阿財、陳義主編：《越南漢文小說叢刊第二輯·第一冊》「神話傳
　　　　說類」，《嶺南摭怪列傳》，台北：台灣學生書局，1992年，頁29～31。

洞庭世為婚姻，有自來矣。〔註2〕

吳士連雖然未將〈鴻龐氏傳〉分成屬於中國與越南神話傳說的兩個部分，但是他已開始懷疑〈鴻龐氏傳〉中的涇陽王以及《唐紀》中〈柳毅傳書〉的內容，並且推論出自己的觀點。到了阮朝，〈鴻龐氏傳〉才真正被越南史家分成兩個部分。他們根據中國古籍所記載有關神農氏族譜的故事內容，以及《唐紀》的相關內容，從而不認同〈鴻龐氏傳〉前段是越南的神話傳說。因此撰寫《越史通鑑綱目》時，他們並不將〈鴻龐氏傳〉的前段納入越南歷史。同時，向阮朝嗣德皇帝請求刪去有關中國神話的部分。

現代越南學者繼續分析及考究〈鴻龐氏傳〉外來神話傳說的問題，阮玲也再一次將〈鴻龐氏傳〉分為中國神話傳說及越南雄王神話傳說兩個部分。他說：

> 根據鴻龐氏傳的節奏，可以看得出來它有以下兩個部分：
> 第一部分是鴻龐各代的來歷，涇陽王是中國神農氏的子孫
> 第二部分是雄王文郎國疆域、國號、社會體制、經濟、風俗習慣。
> 〔註3〕

為了強調以上的觀點，阮玲肯定〈鴻龐氏傳〉前面的段落只不過是將中國神話重新設計與修飾而已。他說：

> 根據我們對中國古籍的探討，〈鴻龐氏傳〉第一段完全沒有反映我們越南任何的真實歷史狀況。原因何在？因為這只不過是從中國古籍抄寫過來和一點點加油添醋的工作而已，這實在只是重編中國的傳說而足以證明我國第一位國王跟神農氏有血緣關係而已。〔註4〕

他又再說：

> 我們將以上所記載有關神農氏的故事及《嶺南摭怪》中所記載的將會發現一個很明顯的問題：鴻龐氏傳的作者已經略過具體的神農氏各代。在鴻龐氏傳沒有提到 Đế Lâm Khôi、Đế Thừa，也不記載帝愛，未明言帝愛是神農氏當中的第幾代，以及其在位期間等。反而，《嶺南摭怪》卻說明始於帝明（並且明言是第三代）接著是帝宜、帝來，

〔註2〕吳士連：《大越史記全書》，越南漢喃院館藏編號：A.3/1-4。

〔註3〕阮玲（Nguyễn Linh）：〈雄王是否是神農氏的後代〉（Phải chăng Hùng vương thuộc dòng dõi Thần Nông），《研究河內歷史》第三期，1968 年 6 月，頁 27。

〔註4〕阮玲（Nguyễn Linh）：〈雄王是否是神農氏的後代〉（Phải chăng Hùng vương thuộc dòng dõi Thần Nông），《研究河內歷史》第三期，1968 年 6 月，頁 28。

在各書籍都記載得很清楚。後來卻略過帝愛，接著又跟中國書籍一
樣記載帝榆罔是神農氏的最後一代。〔註5〕

至於神農氏是否為雄王的始祖，目前仍有很多爭議，可以歸納以下幾種情況：
一是，該地區原本就將神農氏視為始祖；二是當時越南儒家刻意將雄王的地
位推崇至猶如中國皇帝一樣神聖；三是，越南民族與中國苗族相互交流的結
果。丁嘉慶說：

> 越南儒家的民族精神使他們一定要證明雄王身世的起源跟中國三
> 代一樣的高貴，因此他們將雄王傳說與中國神話結合，導致後世代
> 代都認為龍君和嫗姬是從北方來的錯誤觀念。〔註6〕

矛盾的是，當丁嘉慶認為《嶺南摭怪》的作者故意改變越南雄王血統的來源，
導致後代子孫都有錯誤的觀念。另一方面卻也認為，在越南先民跟漢族交流
之前，已經將神農氏視為農業的始祖，丁嘉慶說：

> 將神農氏視為雄王的始祖為越南人繼承東亞上古文化的基本成就。
> 也許，與漢族交流之前，先民已經將神農氏視為自己的始祖，被視
> 為熱帶和溫帶的農業創造之神。炎帝神農氏容易受到駱越的崇拜且
> 容易將其視為自己的始祖，這是可以理解的。漢族並沒有將神農氏
> 視為自己的始祖，而僅將其當作管理南方的天帝。〔註7〕

那麼，到底哪個證據顯示源自中國神話？神農氏？帝宜？還是其他的線索？
如果丁嘉慶認為在越南上古時代與漢族交流之前，越南人早就把一位農業相
關的祖師視為自己的始祖，是可以接受的。因為，至今福壽省仍流傳著許多
有關雄王及農業的神話傳說，例如：〈雄王教民種水稻〉、〈雄王教民……〉等
等。事實上這種現像是很有可能發生的。百粵地區早期為農業生活的地區，
當時人民會崇拜一位農業祖師是很自然的，因此有些學者確認為，神農氏神
話是源自於百粵地區，而不是漢族的神話。

近幾年來，陳玉添是支持這種觀點的越南學者。不過，陳玉添卻認為神

〔註5〕 阮玲（Nguyễn Linh）：〈雄王是否是神農氏的後代〉（Phải chăng Hùng vương
thuộc dòng dõi Thần Nông），《研究河內歷史》第三期，1968 年 6 月，頁 31。

〔註6〕 丁家慶（Đinh Gia Khánh）：《雄王建國——確定神話傳說對研究雄王時代的
價值》（Hùng Vương dựng nước-Xác định giá trị của truyền thuyết đối với việc
tìm hiểu lịch sử thời Hùng Vương），第二集，河內：社會科學出版社，1972 年，
頁 99。

〔註7〕 丁家慶（Đinh Gia Khánh）：《中國神話》（Truyện thần thoại Trung Quốc），社
會科學出版社，1991 年，頁 53。

農氏、帝堯、帝舜的名稱是受到南方文化的影響。陳玉添說：

> 若從語言學角度而言，神農氏名稱的文法屬於南方的文法（名詞＋定語），若根據漢文文法必定是稱「農神」。南方文化對當時北方文化的影響很大，連中華第一王國的君主如帝堯、帝舜等名稱都是按照南方的文法。〔註8〕

至於涇陽王的部分，也有了很多觀點，阮玲則認為這是《嶺南摭怪》的作者刻意把涇陽王當作神農氏與貉龍君之間的橋樑，他說：

> 〈鴻龐氏傳〉作者不必將〈柳毅傳書〉全文加上去，只需挑選該則故事當中適合該故事內容的情節。重點的是，他們一定要有涇陽王的人物形象及一則神話荒誕的背景作為結合貉龍君跟嫗姬的傳說與中國神農氏炎帝神話傳說的橋樑。貉、嫗本來是我國百卵神話傳說當中的人物，這兩個詞語後來結合為安陽王時代的國號。〈柳毅傳書〉已讓〈鴻龐氏傳〉的作者將涇陽王作為我國傳說及中國之傳說之間的橋樑。只要做好該工作，才可以將我國第一位國王提升至與中國國王一樣平等的地位。〔註9〕

陶維英則從不同的角度來推論這個觀點，他認為：

> 我們可以根據以上的證據來推論，我們的傳說之所以將涇陽王作為神農氏後代的原因，或許是因為當時生活在揚子江流域的越人曾與站在黃河南方的苗族交流的結果。〔註10〕

從以上所提出來的觀點，我們可以提出幾個問題：第一，如果說：「上古越南人將神農氏當成自己的始祖，其目的是想提升自己第一位國王的地位」，那麼為何選擇神農氏，而不是中國其他的神話人物呢？第二，我們知道，當時越南儒家選擇神農氏作為越南始祖的原因是跟越南農業生活有關。假如目的僅是為了增加雄王身世的高貴特質，自然會選擇黃帝、堯、舜或其他神話人物，這樣也可以跟中國有同等的地位。根據故事記載，嶺南地區的越南生活，很早就有農業出現，更表現在上古越南當中貉越、貉王、貉民等名稱上，崇拜

〔註8〕 陳玉添（Trần Ngọc Thêm）：《越南文化本色探尋》（Tìm về bản sắc văn hóa Việt Nam），胡志明市綜合出版社，2006 年，頁 80。

〔註9〕 阮玲（Nguyễn Linh）：〈雄王是否是神農氏的後代〉（Phải chăng Hùng vương thuộc dòng dõi Thần Nông），《研究河內歷史》第三期，1968 年 6 月，頁 33。

〔註10〕 陶維英（Đào Duy Anh）：《越南古史》（Việt Nam cổ sử），河內：作者出版，1955 年，頁 146。

農業祖師是很理所當然的。不過,該祖師是神農氏還是哪位神靈呢?至今仍是難以證明的問題。如果神農氏是當時百粵地區代表的農業祖師,神農氏傳說即由當地農業產生的傳說,那麼越南人將神農氏當成自己的始祖是很理所當然的。不過,如果是由漢人傳播過來的神話傳說,有兩種情況。第一,當地原來的農業祖師被漢人文化同化。第二,百粵地區與漢族交流之後才有神農氏崇拜的文化。〔註11〕

　　事實上,越南從黎朝末期到阮朝,史家們故意將〈鴻龐氏傳〉分成中國神話與越南神話的目的是為了提高民族優越感的精神,以排除外來的統治及免於遭受同化。所以,只要是關於中國古籍記載的內容就立刻被歸納為中國的文化。

二、當代民間傳說

　　目前越南有關雄王起源的民間傳說收於武金編《雄王——祖土地區的神話》和阮克昌的《雄王傳說》兩部書,但是兩者之間有些不同之處。武金編的《雄王——祖土地區的神話》當中〈鴻龐氏〉傳說是從神農氏開始談起;而阮克昌《雄王傳說》的〈駱龍君和嫗姬〉傳說,則從駱龍君開始。武金《雄王——祖土地區的神話》的〈鴻龐氏〉記載:

> 傳說本國第一王國諱錄續號涇陽王和北斗王國諱錄靈是兄弟,錄續是兄、錄靈是弟,都是帝明之子。一旦,玉皇往凡間的南方地區看下去,他發現那裡大多是水果、鮮花,罕見五穀,於是玉皇跟神農氏說:「我派你下凡幫助黃種人種水稻為糧食。」
>
> 神農氏回去告訴子孫們玉皇的下旨。帝明是神農氏第三代的孫子,聽好之後說:「下凡負擔農業工作的責任是很辛苦的工作,請您給我機會,我想擔任此份工作。」
>
> 神農氏同意給帝明下凡,並給他兩粒稻米,一粒讓帝明為糧食,一粒為種子。帝明與其妻子乘雲抵達義嶺山。他們使用一粒稻米為糧食,天天從那粒稻米挖出米粉吃,剩下外殼,後來人民封為稻穀殼神。

〔註11〕該問題比較沒有可能性,因為百粵地區是農業地區,當然會有關於農業祖師的傳說及崇拜農業祖師的習俗,這個問題可以以雄王跟農業有關的神話傳說為證據。在雄王農業有關的故事完全沒有神農氏形象出現。從發明五穀至教民耕種都是雄王,沒有神農氏。

至於教民耕種的工作。在山地地區，他們教人民刀耕火種。地多糯米，以竹筒炊之。架木為屋，以避虎狼之害。剪短其髮，以便入林。子之生也，以蕉葉臥之；人之死也，相春，今鄰人聞之，得來相救。男女嫁娶，先以鹽封為問禮，然後殺牛羊以成禮。以糯飯入房中相食畢，然後交通。

帝明生下兩個孩子，哥名叫錄續，弟名為錄靈，一天玉皇的使者叫帝明歸天。帝明叫兩個兒子來說：「玉皇令我下凡期限已經到了，今天我工作已經完畢。我想封錄續治理北方，錄靈治理南方。」

不過，錄續顧讓其弟，自己擔任治理南方。帝明本想錄續是個聰明的孩子，因此讓他治理土地比較廣泛的北方，不料錄續卻推辭，因此帝明勉強同意。錄靈治北方稱為帝宜；錄續治南方，稱為涇陽王。涇陽王能下水府。一旦見龍女神洞庭湖的閨女，結為夫妻。神龍女生崇攬，其身滿龍鱗。後來崇攬即位稱貉龍君。龍君巡邏到陵昌洞沱江見嫗姬仙女，龍君迎歸於義嶺山結為夫妻。嫗姬懷孕三年三月十日，到甲子年十二月二十五日十二時生出一包一百卵。

龍君號召群神來祭祀天地。山禽、水族都來祝賀。正月，乙丑，百卵生出百男。百男不餵奶，只有吃水果，一天笑三次。一旦百男都喊：「天生王國治理天下，天下太平」。龍君和嫗姬大喜，但是無法分別大小，後來請一位仙翁來幫他們起名。仙翁給長子名為鄰郎，其他都以「郎」為名，例如：赤郎、密郎等。

一旦，龍君跟嫗姬說：「我是龍種，你是仙種，陰陽合而生子，但水火相剋。今我帶五十個孩子自歸海，五十隨你上山分配而治理天下，有事互相幫忙。」

離開之前，將長子封為王，……於是鄰郎稱為雄國王定都于越池，分為十五部。命其弟分治之。〔註12〕

阮克昌《雄王傳說》〈貉龍君和嫗姬〉記載：

貉龍君以雄賢王為號，是雄王第一位國王。以文郎國為國號，分為十五部，定都於峯州，左右為貉侯貉將，帶著銅印青綬。貉龍君巡

〔註12〕武金編（Vũ Kim Biên）：《雄王傳說——祖土地區的神話》（Truyền thuyết Hùng Vương-Thần thoại vùng đất tổ），福壽體育旅遊文化處，2010年，頁9～12。

邏到淩昌洞，見嫗姬在沱江沙灘採桑葉，帶回義嶺山為妻。

嫗姬懷孕三年三十天。快臨盆之時山上出現吉兆的現象，即是天上出現五色雲。嫗姬生下一包有一百卵，一卵生一男。駱龍君自認為是龍種，嫗姬是仙種，不能長久相處。因此駱龍君帶五十個孩子自歸海，五十隨嫗姬上山分配而治理天下。嫗姬帶孩子到夏和獻賢良社〔註13〕發現此地土地肥沃人少，就留在此地，教民火種，在河邊則種甘蔗，教民織布，作井，壓甘蔗汁，用米粉和甘蔗汁做小餅。

居民已經會耕作、作餅、織布之後。嫗姬留下一個孩子下來，然而繼續帶諸子往山上去。駱龍君歸海之前，已經傳位給長子是雄國王。〔註14〕

雖然以上兩則故事，都是從福壽省民間收集來的傳說。就其內容而言，我們很容易看得出來兩者之間有很多不同之處。第一，雄王的始祖。第二，越南上古農業的起源。

關於雄王的起源，即雄王的祖先，武金所編的《雄王——祖土地區的神話》〈鴻龐氏〉跟《嶺南摭怪》的〈鴻龐氏傳〉一樣，皆是從神農氏、帝明談起。不過，武金的〈鴻龐氏〉則把神農氏和雄王之間的血緣關係著重於神農氏和百粵農業的起源上。似乎農神出現的主要目的是在解釋越南農業的來源，因為當時南方沒有水稻，神農氏才派其孫子下凡教導人民。也因此才出現漢族和百粵族共同的始祖。若將該傳說與《嶺南摭怪》的〈鴻龐氏〉做比較，雖稍有不同之處，但雄王的來源都相同，都是以神農氏－帝明－涇陽王－駱龍君－雄王這樣的順序排列。

阮克昌的〈駱龍君和嫗姬〉跟武金所編《雄王——祖土地區的神話》〈鴻龐氏〉的不同處在於，第一，直接從駱龍君開始談起；第二，越南上古農業是由嫗姬教導人民的。該傳說完全否認神農氏與雄王的血緣關係，越南農業的發跡也跟神農氏無關，所以神農氏在該傳說當中可以說毫無地位，亦即不承認該傳說。

假如，這種類型的神話傳說才是越南真正的雄王神話傳說，是因為他沒有採納中國古籍所記載的資料，也無可厚非。但如果只是因為當中有中國神

〔註13〕之前該社稱為：嫗姬社，因為這裡有嫗姬廟，所以稱為嫗姬社。

〔註14〕阮克昌（Nguyễn Khắc Xương）：《雄王傳說》（Truyền thuyết Hùng Vương），民族文化出版社，福壽省文化藝術會，2009 年，頁 15。

話相關的記載資料，而否認它出自越南神話傳說，也稍嫌過於武斷。但如果從中國古籍當中尋找有關記載雄王時代的資料，也找不出任何資料指出越南始祖就是神農氏。那麼為何神農氏和其子孫卻出現在越南神話傳說中呢？大多越南學者都認為這是由於越南儒家是為了將越南第一千國起源的地位提高，但這種解釋似乎還不是最恰當的，因為除了神農氏之外，中國古籍上還出現很多比神農氏還要高貴的神話人物。為何越南儒家反而選擇神農氏呢？筆者認為這是由於稻作文化的關係。

如上所述，上古越南生活聚集在農業早已出現的地區，不過當時農業的技術還相當簡陋，主要依靠自然天氣的穩定。面對自然災害，似乎人們毫無控制或克服的方法，加上當時人民的觀念中萬物有靈，任何自然現象都歸於「神（鬼）」身上。因此當時先民很需要一個能寄託的對象，寄望它可以幫助人民解決生活中的困苦。因此，當神農氏神話傳廣泛流傳於百粵地區時，很快的就與當地農業生活結合為一種信仰。從一般的崇拜逐漸演變為認同血統關係的觀念，這是不難理解的。

第二節　雄王及越南農業起源的關係

雄王對越南農業起源有舉足輕重的地位。依傳說的內容，可以將雄王視為越南農業的祖師，從發明種植五穀的技術、以牛耕地，以及發明農具都出自雄王。若將越南雄王的農業神話傳說與中國神農氏神話傳說比較的話，我們不僅看得出來此二者有同等重要的貢獻，且這些神話傳說內容還有很多雷同之處，這點使我們不得不聯想到它們之間的關係。是否這是自然而然發生的相同情況，還是此兩者本來就有密切的關係？仍是一個值得討論的問題。

一、發明五穀、教民耕種技術

在越南有關農業的神話傳說相當普及。不過，這些神話傳說都是片段資料，沒有像雄王農業神話傳說一樣可以組成一個完整的神話傳說系統，其內容很清楚地反映出來越南當時從一個捕獵採集社會慢慢地走向農業社會。值得注意的是，故事中所敘述的情節，都很真實，具有當時原始純樸的生活環境，沒有幻想的情節，且有具體發生的地點，頗讓讀者覺得有真實的感觸。我們先看〈雄王教民耕種〉的記載：

> 之前人民未知耕作，主要靠打獵，採野菜、割野稻為生。雄王發現

在河邊的土地設分肥沃才教人民打堰留水。雄王發現有很多野稻，
教人民撒種，等到秧苗長高之後才將它植在水田。剛開始人民未知
怎麼種植，才向雄王請教。雄王示範給人民學習將秧苗插在水田上，
然而民眾跟著雄王一起種植。〔註15〕

從以上的引文，我們可以推論，這是上古越南發展史上的一個重要階段。從
發明稻米的栽種方式，越南上古人民已經利用當時河流密佈的生活環境，想
出在河邊耕作水稻的方法，使上古越南社會逐漸脫離捕獵採集的落後經濟生
活，取而代之的是農業經濟生活。我們再看雄王發現稻米和小米的神話傳說。
〈雄王教民種小米及水稻〉曰：

有一天，諸位媚娘跟著人民在河上捕魚，發現有一群鳥在河邊的野
草上飛來飛去，她們都覺得很開心。其中有一位公主只顧著看鳥而
忘記撒網，突然間有一隻鳥叼了一穗小米在她頭上。她帶著那稻穗
回去告訴雄王，雄王很高興認為是吉兆，他認為這東西鳥可以吃，
那麼人也因該可以吃。因此雄王派公主們到那邊割小米回來。到了
春天，雄王叫人民去撒小米。

人民高興地迎接雄王到田去，鼓組、木魚組走在前面，接著是帶稻
米、小米組，雄王，媚娘們、人民在後面。到了河邊，雄王用小棍
子插在地上撒水稻進去，把小米撒在地上。然後將竹枝插在地上讓
小鳥不吃種子。媚娘們和人民也跟著作。〔註16〕

顯然，雄王從自己本身的經驗，已經判斷出稻米和小米的功用，同時想出在
山區刀耕火種，及河邊水稻耕作的方法。以上兩段引文沒有很具體的說明二
者之間的關係，只是同樣都提到雄王的名字而已，且上古越南的雄王是十八
代雄王共同的名稱，因此我們很不容易推斷這是屬於哪位雄王的時代。從故
事內容所敘述，我們只能推論，以上兩個引文都屬於越南農業初期的時代，
因為兩者都提到雄王發現稻米的故事。

　　神話傳說當中所提到上古越南耕作方式雖然是有點落後，但是目前生活
在河邊的越南居民仍有流傳類似貉田耕作的方式。山區在二十世紀初還存在

〔註15〕阮克昌（Nguyễn Khắc Xương）：《雄王傳說》（Truyền thuyết Hùng Vương），民
　　　　族文化出版社，福壽省文化藝術會，2009 年，頁 25。

〔註16〕阮克昌（Nguyễn Khắc Xương）：《雄王傳說》（Truyền thuyết Hùng Vương），民
　　　　族文化出版社，福壽省文化藝術會，2009 年，頁 26～27。

類似刀耕火種的耕作方式。顯然這是上古越南耕作方式所流傳下來。事實上，越南農業不僅被反映在神話傳說，並且還被記載於中國古籍當中。例如《水經注》、《舊唐書》等書。

此外，《嶺南摭怪》也記載，越南在貉龍君時期，已經會使用刀耕火種，是農業發展的階段，因為人類當時還沒發明以牛耕田的方法，所以刀耕火種是很普遍的，這方式雖然很簡略，卻適合於山區運用。甚至到了二十世紀初，在越南北部的少數民族仍有些地方還保留這種耕作方式。我們知道，各民族歷史上有很多關於發現稻米的農業傳說。在越南也有很多，除了上面所敘述的兩則傳說之外，還有當代民間傳說〈鴻龐氏〉和〈稻米神傳〉。這些故事所記載的內容，稻米都是由神靈變出來的，而不是人類從生活經驗中發現的。〈鴻龐氏〉說稻米是由帝明從天上帶下來的；而〈稻米神傳〉的稻米是由稻米神化出來的。

以上兩則神話傳說從故事的內容至地理、人物都具有越南的風格，而〈雄王教民種小米及水稻〉的故事中甚至還說明瞭事發地點。不過，若以雄王跟中國神農氏發現稻米的情形來比較的話，我們會發現兩者相同之處。其一，都是由自身發現的。（漢）班固《白虎通德論》卷第一曰：

> 謂之神農氏何？古之人民皆食禽獸肉，至於神農氏，人民眾多，禽
> 獸不足，於是神農氏因天之時，分地之利，制耒耜，教民農作，神
> 而化之，使民宜之，故謂之神農氏也。〔註17〕

這段文字的內容很像越南〈雄王教民耕種〉的傳說，兩者都述說人類從獵捕採集社會走向農業社會，只不過，在越南的發明者是雄王，在中國的是神農氏而已，其餘的內容沒有太大的差異。如果根據這個現象就推論它們之間有關係的話，是有些武斷的。因為，世界上眾多的部族，常有類似的神話傳說。其二，是由鳥叼銜而來的。明朝董斯張《廣博物志》卷四十二曰：

> 炎帝時有丹雀，銜九穗禾，其墜地者，帝乃拾之，以植於田，食者
> 老而不死。〔註18〕

從此，我們不得不提出疑問，這兩則神話傳說，究竟揭露了越南和中國有什麼關係？這是自然而然發生的現象，還是兩者之間存在密切的關聯呢？是否越南人已經按照中國神話所記載，在中國古籍當中加油添醋，或經由修改讓

〔註17〕漢·班固：《白虎通德論》，西安市：陝西人民，2007年，頁5～6。
〔註18〕明·董斯張：《廣博物志》，台北市：台灣商務，1983年，頁767。

它看起來更接近越南的風格呢？這個問題是很難避免的，因為越南和中國的歷史文化交流已久。神農氏傳說早已流傳於百粵地區，越南曾把神農氏視為自己的祖先，這更是難免的問題。

假如以上的疑問是真的，是什麼原因使越南人將神農氏改成雄王呢？如果說，神農氏是中國的，那麼雄王發明農業的神話傳說是否真的屬於越南，抑或這不過是一種模仿、變更，讓神話傳說本土化呢？至今，研究越南文化的學者常碰到的困難，即是辨別越南傳統文化與來自中國的文化，尤其是百粵地區文化和漢人文化。因為越南文字比較晚出現，後來越南史家撰寫越南古史的時候，都以中國古籍為主要的參考書籍，因此難免受到中國先人觀念的影響。加上越南曾被中國統治長達千年之久，更加使越南文化與中國文化混為一體，讓這方面的研究更加困難。

事實上，發明農耕技術和發現五穀的用途，不是由一個人或在很短時間內就可以產生的。在還沒進入農業社會的時候，五穀也還未被發現，先民必定要經過生活經驗的累積，加上人類的智慧，才可能找出五穀的功用和耕作方式。當農業生活已經進入比較穩定的時候，人們會想到發明農業者的功勞。不過，一般而言，這麼偉大的功勞，大多被先民歸功於一位民族英雄，更突顯其對人民的貢獻偉大之處。因此通常人民會把五穀的發現、耕種技術的發明歸功於自己的農業祖師。

此外，還有雄王發現五穀的傳說，例如：〈地瓜傳〉和〈蕎頭傳〉這兩個傳說也主要敘述發現地瓜和蕎頭的來源。〈地瓜傳〉曰：

> 雄王和官郎、媚娘們一起去打獵。回路發現一座山丘被蓋滿了地瓜樹，雄王傳令休息。馬群一看到就一直吃那種野草，雄王傳令回宮的時候。但是馬還一直吃那種野草，它們不肯回去。為了好奇，雄王叫官郎拔起那種樹。發現草根根有很多地瓜。有的人說可以帶回來養畜牲，有的人說這地瓜一定有鬼魂。
>
> 雄王說：若有鬼魂只要將其放在火堆裏面，鬼會死。他們將地瓜放在火堆裡。發現地瓜被燒熟後，會有香味，拿出來嘗一嘗覺得很好吃。他們多再烤幾根一起吃。雄王叫他們帶著地瓜回去種，因為種植是由官郎種，所以稱為地瓜（Khoai lang）。〔註19〕

〔註19〕阮克昌（Nguyễn Khắc Xương）：《雄王傳說》（Truyền thuyết Hùng Vương），民族文化出版社，福壽省文化藝術會，2009 年，頁 36。

在福壽省目前還有另一版本的〈地瓜傳〉，其內容與以上的傳說大同小異。

> 在秋天，雄王到桃江村看看人民耕作的情況。回到睡雲村的時候，雄王叫屬下在糯米盤山丘放馬、點火休息，後來發現馬群吃一種野草，這種野草的葉子和檳榔葉很像，於是把它們拉起來卻發現有很多地瓜。一個官郎發現撿起一顆，把葉子和地瓜分離，發現裏面都是白色的，吃起來有甜味。官郎又把那粒地瓜放進火堆，等它熟之後拿出來嘗一嘗覺得好吃。官郎請雄王吃。雄王也讚揚說：聰明的畜牲會選擇這種食物吃，我們也可以吃，不過不同的是我們要烤或煮熟才吃。由於官郎是第一個人發現者，因此其名稱為地瓜。〔註20〕

從以上的兩則傳說，我們可以看得出來兩者之間的差異，例如：前者由於雄王為了想把地瓜放在火中消滅鬼魂，後來發現烤過火的地瓜很好吃；後者卻是由一名官郎發現的，但是基本上故事的結構仍保留最重要的內容：雄王和隨從去打獵（巡邏）－馬吃地瓜－官郎發現－雄王給它起名。其實以上這種情況是很普遍的，傳說本身是在民間裡口耳相傳，在流傳過程中會因時空而改變，形成新的版本。我們再看〈蕎頭傳〉記載：

> 有一天雄王去獵殺很多野雞，到了中午下令在爛山丘（今日屬於福壽省富寧縣。）休息吃午餐。雄王叫屬下去殺雞，但只煮內臟吃，把雞肉帶回去。當天跟著雄王去打獵的諸位媚娘，其中有一名為蕎頭媚娘（Kiệu），本身聰明伶俐，同時也很頑皮。她從田野找到一些香草，將它洗乾淨然後，卷在雞內臟外面煮，嘗一嘗覺得很好吃，她才送給雄王吃，雄王覺得味道不錯，派手下把每一套內藏都捲上那些野草煮。

> 吃完飯後，雄王說：蕎頭媚娘剛找到那種野草，可以將其當為一種菜，大家可以將這種香草帶回家種植。雄王給那種草起個名，雄王說：因為是蕎頭找到就把它稱為蕎頭吧。〔註21〕

我們再看〈蕎頭傳〉另一個版本：

〔註20〕武金編（Vũ Kim Biên）：《雄王傳說——祖土地區的神話》（Truyền thuyết Hùng Vương-Thần thoại vùng đất tổ），福壽體育旅遊文化處，2010 年，頁 33。

〔註21〕武金編（Vũ Kim Biên）：《雄王傳說——祖土地區的神話》（Truyền thuyết Hùng Vương-Thần thoại vùng đất tổ），福壽體育旅遊文化處，2010 年，頁 38。

義嶺山西邊林森蒼翠欲滴，禽獸很多。雄王常在此地打獵，有一天
他去打獵的時候感覺有點疲倦，剛好這時就在爛山所以停下休息。
雄王傳令點火烤肉。媚娘們負責採野菜，有一位媚娘到溪邊洗腳，
看見溪邊有很多野草，隨意摘下葉子，卻發現有香味，她洗乾淨後
放進口中，發現有點辣和刺鼻馬上帶回去給雄王。剛好官郎獵殺的
鳥正在烤，雄王叫他們把媚娘帶回來的野草一起放進去烤看看。烤
完後試吃了一下，發現鳥肉和這野草的香很對味，吃起來爽口又好
吃，雄王下令要他們把野草帶回來種植，因為是媚娘找到，所以雄
王把它稱為蕎頭菜。〔註22〕

從以上的引文我們可以看得出來有關雄王的農業傳說最突出的特點是：其一，
這些傳說都存在不同的版本；其二，書中所描述發現五穀的情況都相當寫實
的，沒有虛幻的內容；其三，不管是何種情況最終都歸於雄王的功勞，因而
使雄王的功勞更加明顯，而每個人的心目中雄王的地位是非常崇高的。

二、發明農具、馴養牛力以耕田

　　農業初期主要依賴簡單的工具，山丘上是使用刀耕火種的方式來耕種，
這種方式必須經過很長的一段時間，人類才會發明更方便的耕種方法。農具
的發明當然是因應耕種的需求而出現，人們不可能一直使用簡單落後的耕作
方式，這種耕種方式不僅要花很多時間，而且效果也不好。農民對生活的要
求，也已促使農具的發明，使農業步入另一個新的階段。在越南，發明耒耜
和馴養野牛歸功於雄王身上。〈以牛稻作〉曰：

雄王時代，有一位貉侯名叫貉高，貉高到巨佗洞地區打獵不幸被一
隻水牛衝撞死。於是雄王派人把這隻水牛抓回來。兵士們發現牠正
在田野中，並且用繩子套在牠的脖子上想把牠帶回，因牠力氣過大，
兵士們無力控制。這時候雄王想到，套在牠脖子的繩子綁在樁子上，
兵士們馬上按照雄王的想法操作，牠的力氣卻還是大到把整個樁子
拖著走，這時插在地上的樁子，將土地翻如翻耕似的把整個田野翻
完。最後，因為牠太累所以才停下來。雄王發現從牠眼中現出一個
醇厚的本質。隔天，雄王又派幾個比較健壯的男士，一個人在前面

〔註22〕阮克昌（Nguyễn Khắc Xương）：《雄王傳說》（Truyền thuyết Hùng Vương），民
族文化出版社，福壽省文化藝術會，2009年，頁37。

拉著牠，其他人將軛放在牠的肩膀上，讓牠整個早上都拉著木頭走
來走去。等牠馴服之後，才將犁頭代替木頭讓牠耕田。雄王說：該
畜牛本來是常祭貉高的祭品，由於牠對農業有利，所以我們把留下
讓牠拉犁賠罪。〔註23〕

在越南，據考古學的結果證明，雄王時代的農業已經很發達，目前在渡山文
化和山圍文化的遺址上，考古學家已經找到稻米、米花粉和牛骨的遺跡，從
而他們推論，當時越南農業已經進入使用農具的階段。文迅、阮玲、黎文蘭、
阮董芝、黃興說：

到東山文化階段，在冶煉金屬基礎的發展之下，在農作他們已經會
使用青銅農具，在耕作使用銅犁頭，收割則使用青銅鐮刀。……根
據考古學所找到的遺址，雄王時代的犁頭有蝴蝶翅形形梨形器和三
角形梨形器……。我們還找到牛骨的遺址，雄王時代已經會馴養水
牛了。因此他們已經會使用水牛在耕作或拉木頭的工作。〔註24〕

劉陳曉則認為：

從雄王時代的遺址當中，除了農具之外還找到很多牛骨，其中有
些牛已經被馴養過了。問題是，被馴養的牛有沒有用作耕地的工
作？……因此也許當時先民已經使用牛在耕地的工作。因為人們
製造出耒耜之前，在他們的觀念中已經會使用動物耕地的想法。
〔註25〕

顯然，以上〈以牛耕作〉傳說所反映的是很可靠的。不過，是否當時的農具和
馴養野牛由雄王所發明仍是一個很難確定的結論。因為在當時越南人的思維
中，雄王不僅是一位國王，也是一位農業始祖，當然農具的發明也屬於雄王
的功勞，這也是為何祭祀雄王的信仰深植越南人心目中的原因之一。

由於，耒耜的發明和馴養野牛的方法是重要的農業發展階段，似乎在任
何農業部族史上都有記載。在中國，此耒耜的發明被歸為神農氏的功勞。（周）

〔註23〕 阮克昌（Nguyễn Khắc Xương）：《雄王傳說》（Truyền thuyết Hùng Vương），民
族文化出版社，福壽省文化藝術會，2009 年，頁 37。

〔註24〕 文迅、阮玲、黎文瀾、阮董芝、黃興（Văn Tấn、Nguyễn Linh、Lê Văn Lan、
Nguyễn Đổng Chi）：《雄王時代》（Thời Đại Hùng Vương），河內：社會科學出
版社，1973 年，頁 88～89。

〔註25〕 劉陳曉（Lưu Trần Tiêu）：《雄王建國‧雄王時代的農業》（Nông nghiệp thời Hùng
Vương），第 IV 集，河內：社會科學出版社，1974 年，頁 167。

卜商《子夏易傳》卷八周易曰：

> 包犧氏沒，神農氏作，斲木為耜，揉木為耒，耒耨之利，以教天
> 下。〔註26〕

由此可知，農業在發展過程中，從初期發展到農具使用的階段，對農業的幫助很大，使農業能進入更完善的時期。換句話說，發明農具是農耕很重要的階段，所以，任何農業社會的部族，都有記載農業相關的傳說。通常，他們會將發明的功勞歸於部族英雄人物或部族崇拜的神靈，或將發明者奉為農業之神。例如越南的雄王，中國的炎帝神農氏。鍾宗憲說：

> 農業時代的來臨，為人類的生活方式帶來重大的變革，炎帝神農氏
> 既為肇創農耕的文化英雄，自然有許多制度、器物的發明與製作，
> 會托稱其名下，更有甚者，因此而演變成民間信仰中奉祀炎帝神農
> 氏為某些行業之祖師爺或行業保護神。但大致而言，所有的附托和
> 衍生出來的轉變，都不脫其農業神與醫藥神的本色。〔註27〕

如上所述，越南五穀的發現利用，農具的製造，都是出自雄王之手。從雄王傳說當中，我們很容易找到雄王和越南農業之間的關聯。至今，甚至在福壽省，很多雄王廟和當地的民俗傳說都跟農業有關。可以說，在越南人思想上，雄王除了是代表一位國王的形象之外，也是越南農業創始之神。

　　值得注意的是，越南早已接納中國的神農氏神話及其相關的農業習俗，甚至神農氏還被當成越南始祖。但是，雄王的農業傳說當中完全沒有神農氏的形象。這種獨立現象，讓我們聯想到丁嘉慶教授的意見，在神農氏文化傳到越南之前，越南人早已崇拜一位農業創始之神。那麼，是否當時越南人所崇拜的農業之神，即是現在越南人所崇拜的雄王？這是很有可能的。

第三節　雄王時代的戰爭傳說

　　雄王時代的戰爭神話傳說主要反映在抵抗外侵及克服自然災害兩個方面。抵抗外侵的傳說以「扶董天王」和「傘圓」為代表；而克服自然災害的傳說則跟「山精（或稱傘圓）」有關。

　　雄王抗敵傳說的資料較為豐富，這些傳說大多記載於《粵甸幽靈集》與

〔註26〕周‧卜子夏：《子夏易傳》，中國書店出版，1998年，頁86。
〔註27〕鍾宗憲：《中華民俗文叢‧炎帝神農氏信仰》，台北：學苑出版社，1994年，
　　　　頁81。

《嶺南摭怪》，或成為福壽省和河西省廟中的神蹟，甚至有些故事仍流傳於民間。這些故事主要包括了敘述雄王第六代跟中國殷朝（商朝）所發生的戰爭，以及雄王第十八代跟蜀王之間的戰役。有關雄王第六代抵抗外敵入侵的唯一傳說為《嶺南摭怪》中的〈傘圓山傳〉。該故事主要敘述雄王第六代時發生戰爭，天將扶董天王由龍君派來協助雄王打敗殷軍。〈傘圓山傳〉曰：

> 雄王之世天下熙治，民物富庶。殷王以其缺朝覲之禮，將託巡守而侵之。雄王聞之，召群臣間功守之策。有方士進言曰：「莫若求龍君以陰助。」王從之遂築壇齋戒，置金銀幣帛於壇上焚香致敬三日，天大雷雨忽見一老人高六尺餘，豐面大腹，鬚眉皓白，坐於岐路，談笑歌舞，見者意非常人。人告於王。王親行拜之，迎入壇內。老人不言語，不飲食。王前來問曰：「今聞有北兵將來功，勝負如何？」老人良久索籌肅卜，謂王曰：「三年之後，賊來到之。」王又問計。老人曰：「若賊來時，當嚴整器械，精練士卒，為國家計，且徧求天下，能破賊則分封爵邑，傳之無窮。得其人則賊可破矣！」言訖，騰空而去，始知其為龍君也。

> 比及三年，邊人告急有殷軍來。王如老人語，使人徧求天下，行至武寧郡扶董鄉。鄉中有富家翁年六十餘，生男三歲不能言，仰臥不能起坐。其母聞使者至，戲之曰：「生得此男，徒能飲食，而不擊賊，以蒙朝廷之賞，報乳哺之功。」兒聞母言，勃然言曰：「母呼使者來，試聞何事！」母力驚，喜告其鄉鄰，謂其子已能言。鄰人亦驚異，迎一告使著。使者問：「爾小方能言，何為呼我來？」一小兒乃起坐，謂使者曰：「速歸告王，鍊為鐵馬高十八尺。鐵劍長七尺，鐵笠一頂。兒騎戴以戰，賊自驚散，王何憂乎。」使者馳回告王，王喜曰：「吾無憂矣！」群臣皆曰：「一人擊賊，如何可破？」王曰：「此龍君助我，如前年老人所言，的不虛語。諸公勿疑？」仍命秤鐵五十一百斤，鍊成鐵馬、鐵笠，使者責至。母見而大驚，恐禍及己，憂懼告兒。兒兒大笑曰：「母但多具酒食與兒喫，擊賊之事母勿憂也！」

> 兒軀體驟大，衣食日費，其家供給不足，鄰為之養鷗牛饌餅菓之需，兒嘆不能充腹。布帛綿纊之服不能蔽形，至取蘆花繼之。及殷兵至鄒山，兒始伸足而立，長十餘丈，仰鼻而噇連十餘聲，拔劍屬聲曰：

「我是天將！」遂戴笠騎馬馳鳴以飛，揮劍而前，官軍隨後，進逼
賊壘，陣于武寧省……山之下。殷軍大潰，倒戈相功。殷王戰死於
鄒山，其餘黨羅拜曰：「天將」皆來降服。行至安越朔山乃脫衣服，
騎馬升天，獨留石跡於山上焉。〔註28〕

雄王神話傳說系列當中，雄王第六世鮮與其他部族發生衝突，這個傳說可算
是雄王時代（文郎國）首次與外族（中國商朝）發生的爭執事件。此次戰爭幾
乎成為雄王時代的歷史指標，它肯定雄王時代存在的真實性。學者們常以此
記載當中關於中國殷商的年代，從而推論雄王時代存在的時間。

　　雄王時代與中國上古時期交流的傳說，除了〈扶董王傳〉之外，另有〈白
雉傳〉。這是一個提及雄王時代與「周公」交流過程的傳說，這個傳說也記載
於中國《漢書》當中。不過中國文獻上並未明言此事發生於雄王第幾世，因
此我們很難確定該傳說發生的時間。不過，根據兩個故事所記載的內容，〈扶
董王傳〉指出雄王跟殷軍打戰，那麼故事就發生於殷商時代，大約是在西元
前十七世紀至西元前十二世紀之間；而〈白雉傳〉為雄王派越常人向周公獻
白雉，因此它會發生於周公在位的時間，約在西元前 1122 至西元前 256 年之
間的時代〔註29〕。由此我們可以推論，雄王跟北方第一次交流是與殷軍發生
戰爭的時候，第二次是和周公接觸。

　　雖然目前中國文獻上所能見到有關雄王和殷軍戰爭的史料不多，然而從
地理角度來看，文郎國和商朝所在位置相距不遠，且就當時商朝與其他部族
三番兩次發生戰爭的事跡來看，說不定當時雄王就和殷朝發生過一場戰爭。
扶董天王為當時打敗殷軍的一位英雄，成為越南民族英雄的象徵，後來受越
南人崇拜而立廟奉祀。至於祭祀扶董天王的情況，據《安南志略》記載，該習
俗早已流傳於北寧省扶董鄉。《安南志略》曰：

　　在扶重鄉。宣昱立血，忽見一人，有威德，民皆歸之，遂領眾平其
　　亂。已而騰空去，八號為沖天王，民乃立祀之。〔註30〕

到十九世紀，扶董天王廟和其傳說又出現在《北寧全省地輿誌》〔註31〕。由

〔註28〕陳慶浩、鄭阿財、陳義主編：《越南漢文小說叢刊第二輯・第一冊》「神話傳
　　　　說類」，《嶺南摭怪列傳》，台北：台灣學生書局，1992 年，頁 44〜45。
〔註29〕因為據中國文獻記載，商朝（殷朝公元前 17 世紀至 12 世紀）之後才到周朝
　　　　（公元前 1122〜256 年）。
〔註30〕黎崱：《安南志略》，勞動出版社，2009 年，頁 63。
〔註31〕《北寧全省地輿誌》，該書成書問世於成泰三年（1891），保大三年（1933）

於《北寧全省地輿誌》是屬於地輿誌類，因此該書記載的重點是名勝古蹟、民間祭祀和風俗習慣，沒有著重故事的內容，但有說到該故事發生於雄王六世的時候。《北寧全省地輿誌》中的「扶董祠」曰：

> 在仙遊扶董社。奉祀董天王，祠在鄉之東南向露德江，東偏有聖母廟，西偏有影祠，祠邊有石井石盤，傳為天王誕生之處。邑中一所，廣約五高，內栽花草，四圍磚牆，傳為天王故宅。按《史記》，雄王六世，武寧部扶董鄉有富家翁生一男，⋯⋯一躍馬揮劍而前，破賊於武寧山腳，⋯⋯行至寧朔山，躍馬騰空而去，王命立廟祀之，後李太祖封為沖天神王，皇朝封董天王。

1875 年，扶董天王廟建立的時間也詳加記載於《北寧省誌》一書中。《北寧省誌》「董神王祠」曰：

> 雄王年間所建，凡祠一座五問，在扶董社地分，西邊扶翊社，南邊董州，西邊董圍，四社罩同奉事，最靈應，年或薔雨祈禱，蒙得陣雨，遞年四月初九日，大會，簡民女二十八氏，盛服裝作敵將形，布列於外，祠中拽木馬揮旗入陣，象神王當辰破殷敵之功，諸鄰轄人民觀者甚多。〔註32〕

《北寧風土雜記》一書也記載扶董天王的相關傳說，《北寧風土雜記》曰：

> 天王原扶董社人，生三歲不能言，時雄王第六世有殷賊，雄工令求能卻敵者，王忽能言，願得鐵馬劍各一，郎聳身高大，躍馬揮劍，破賊於武寧山今桂陽縣，斬督將各一，神將二十六，各羅拜呼天將，迨寧朔山屬金英，躍馬騰空而去，雄王命郎故宅，立廟以祀之。〔註33〕

此外，《北寧全省地輿誌》尚有記載有關扶董天王顯靈幫助越南黎大行打敗敵軍。《北寧全省地輿誌》「朔山祠」曰：

> 在金英縣衛靈社。亦奉祀董天王也。祠在衛靈山之第一峰，曰朔山，

由阮綽重抄。該書主要記載北寧省個地方的名勝古跡、地名、人物等等，目前被藏在越南漢南研究院，越南漢喃院館藏編號：A.2889.MF.1593.Paris. EFEO.MF.I/1/22。

〔註32〕 《北寧省誌》該書成書問世於嗣德二十九年（1875），主要記載名勝古蹟、產物、風俗等等。越南漢喃院館藏編號：A.569.MF.343.Paris.EFEO.MF.I/1/21。

〔註33〕 《北寧風土雜記》該書主要記載北寧省的風俗、廟宇、廟會、地名等等。越南漢喃院館藏編號 A.425.Paris EFEO MF 1.16（A.425）。

景致幽邃，為金英第一靈祠，按史記則是山為董天王策馬騰空之處，又按摘怪外傳，毗沙大將軍顯靈大破宋兵，黎大行皇帝褒為朔天神王，亦建寺於是，今是山上一祠在山頂，下一祠在山麓，奉查神號，不甚明白。上祠尊號董天王，朔天大聖，下祠尊號衛靈山神，扶聖大王。或者朔天王之助黎大行，亦董天王之降靈也。冥冥之中不得而知，姑兩存其說。……

《摘怪傳》：黎大行辰有丁舊臣匡越太師吳真流不肯仕黎，常遊衛靈山之右平虜鄉，夢神人身披金甲，左手執黃鉞，右手執寶劍。從者十餘輩，自稱毗沙大將軍，奉上帝命管兵北住數年，後當與董天王齊名。驚悟，聞山中有呵喝聲。及旦，八山中見大樹茂鬱，瑞雲蔭覆其上，乃即此立祠，刻像如夢中所見祀之。至天福元年，宋人來侵，匡越以夢告於帝，帝命詣祠處禱，兩軍未接，忽見一人突出波間高十餘丈，披髮怒目，炫赫神光，往來水上，翻風破浪，宋兵驚潰。帝因舉兵追之，擒宋將斬之。宋班師，自是不敢南窺。帝嘉其靈異，增茸祠宇，封為朔天神王，至李朝又立祠於西湖之明早鄉。〔註34〕

《北寧省誌》的「衛靈下村祠」曰：

即樹碼村。乃董天王解戎衣處，祠與朔山隔裡許，相傳天王平殷賊，至此解衣沐浴，乃策馬向朔山騰空而去，後人立祠祀之。金英、東英、多福各轄九總（金英之山藥、扶魯、寧北、香亭、金英、椰上、古沛七總，東英之東塗、多福之春榜。）

遞年春月同日詣祠合祭，最為勝會。祠有華堂范貴通先生題聯句雲：疊嶺一峰高，不記何年飛鐵馬，崇祠千古峙，相傳此地解戎衣。〔註35〕

顯然，在越南文獻當中，有關扶董天王的資料相當豐富，幾乎可以證明雄王時代抵抗外侵的神話傳說是真的。不過鄭阿財分析〈扶董王傳〉的故事內容後推論也許這並非雄王時代的故事，而是越南和中國宋代之間發生的戰爭。他說：

作為史書都僅說「昔境內亂」、「適國內有警」，衡之以這些文獻的時

〔註34〕《北寧全省地輿誌》，越南漢喃院館藏編號：A2889。

〔註35〕《北寧省誌》，越南漢喃院館藏編號：A.569.MF.343.Paris.EFEO.MF.I/1/21。

代背景,恐怕正是越南與中國宋朝軍隊發生戰爭的時期,因此「殷軍」入侵是虛構的,抗拒宋元作戰才是事實。或者說將越南國內內亂下發生的故事加以渲染、轉嫁與攀附,鑲為抗拒外敵的故事。這在民間文學中,因傳播的時間、空間之改換,因應按受者心理需求而產生故事情節的變異,是常見的情形。〔註36〕

這個觀點雖已給我們對於〈扶董王傳〉一個全新的看法,但我們是否能考慮為什麼認為此事為越南與中國宋朝軍隊所發生戰爭,而非其他朝代呢?首先我們必須根據故事記載的時間,該傳說最早記載於西元十三、十四世紀,因此可以推論在十三十四世紀前該傳說早已在民間裡流傳了。而且這段時間是越南剛剛脫離北屬時期沒多久,由此推論,該故事不可能晚於十三世紀出現,應該是發生在越南北屬時期的故事。不過,當越南北屬的時候,已經過了漢朝、吳朝、晉朝、宋朝、齊朝及梁朝統治的時代。這段時間越南與北方統治者之間不斷發生戰爭,因此難以推論這是宋朝和越南人所發生的故事。因為在宋朝統治越南之前還有漢朝、吳朝和晉朝,尤其是在西漢和東漢之間有四年時間越南是屬於「徵王」獨立的時期(40年~43年)。這段時間在徵王領導之下,越南人三番兩次打敗中國漢朝。因此與其說這則故事是越南與宋朝之間所發生的戰爭,不如說是越南脫離北方統治以後,為了滿足對於自己民族感到驕傲的精神而塑造出來的英雄人物,從而提升越南人的愛國心和民族團結性。

據傳說,雄王第十八世(雄裔王)當時社會出現諸多變故,後來被蜀王消滅。在雄裔王時代,第一個變故出現是當山精和水精二神同時向雄王的閨女求婚,後來水精因為娶不到媚娘,每年都率領水族去打山精。《嶺南摭怪》中的〈傘圓山傳〉曰:

俗。傳王與水精同娶雄王之女曰媚娘,王備聘禮先至,雄王嫁之,王迎歸傘圓山。水精後至,乃啣怨,率水族擊王以奪之。王乃以鐵網橫截慈廉縣以過之。水精別開一小江自蒗仁江出喝江入陀江,以擊傘圓。之後,又岐開小昔江以向傘圓之前,所至甘蔗、……之峒,滔改為灣,以通木族之眾。常起風雨晦冥,引水以攻王。山下人民見之即。編竹為籬以遮護之;擊鼓相舂諜以救之,每見枚蓬每見枚

〔註36〕王三慶、陳益源:《2007東南亞漢文學與民俗文化國際學術研討會論文集》,台北:樂學書局,2007年,頁205。

蓬。流看疏籬之外，輒射之，中死盡成蛟龍魚鼈之屍，流塞江河。
水精之眾，屢敗而還，然未嘗息怒，遞年八、九月間常多溢水，禾、
穀損害，山下之人偏被其害，至今猶有之。世人皆雲二「山精、水
精娶婦焉。」〔註37〕

該傳說主要的目的是藉由敘述兩神之間的戰爭來解釋越南每年六、七月發生
的水災，同時說明上古越南人治水的方法。治水神話在世界上各個文化當中
是很普遍的。中國神話也有治水相關的神話故事，例如：大禹治水、女媧補
天，這種治水神話反映當時人類知道築堤治水的方法，同時也反映人類社會
已經邁入新的階段，是有能力克服自然災害的象徵。

　　儘管〈傘圓山傳〉主要是在解釋自然界所發生的現象，但從故事情節中
所記載的內容，例如：「水精別開一小江自菬仁江出喝江入陀江，以擊傘圓。
之後，又岐開小昔江以向傘圓之前，所至甘蔗、……之峒，滔改為灣，以通木
族之眾。常起風雨晦冥，引水以攻王。」讓我們聯想到，這不僅單純是解釋自
然界現象的故事，也是敘述居住於山區的部族和水上生活的部族之間發生的
故事，其中山精代表遭受侵略者，水精代表發動侵略者。引發這場戰爭的原
因，不外乎雙方互相爭奪所愛之人，藉此衝突發動侵略。這個問題是很容易
發生的，因為當時百粵地區有許多常常發生爭執的小部族，也常看到大的部
族對小部族發動兵討，雄裔王末年和蜀王所發生的戰爭即為一例。據說雄裔
王和蜀王之間的衝突源自於蜀王之子向雄王的閨女媚娘求婚，但雄王不願意
將媚娘嫁給他，反而將其嫁給山精。蜀王抱怨，後來聽到雄裔王想傳位給山
精，蜀王立刻領兵討伐雄裔王。關於這個傳說，目前仍在福壽省和河西省一
些廟宇的神蹟當中看得到。

　　除上則故事以外，福壽省目前民間還有很多有關雄王對抗蜀王侵略的故
事，例如：〈高家的三位將軍〉、〈夫妻一起抗蜀王〉、〈大海抗蜀王〉、〈寶公〉
等等。這些故事已讓阮克昌收編於《雄王傳說》一書中，我們先看〈寶公〉記
載的內容：

寶公儕山河西人，看到雄王氣勢越來越衰弱，想舉兵討伐雄王。一
天，他夢到一個人來罵他：「老天是派你來幫助雄王不是來消滅雄
王」。寶公馬上放棄攻擊雄王的企圖。當蜀王討伐雄王時，雄王派傘

〔註37〕陳慶浩、鄭阿財、陳義主編：《越南漢文小說叢刊第二輯·第一冊》「神話傳
　　　　說類」，《嶺南摭怪列傳》，台北：台灣學生書局，1992年，頁71～72。

> 圓跟其弟崇公和顯公領兵去打蜀王，封寶公為將軍，寶公回其妻的
> 故鄉麻淒徵兵，然後跟著傘圓一起去打蜀王。之後雄王聽從傘圓的
> 意見，傳位給蜀王，寶公不服，叫人民來開會開了三天三夜，然後
> 無人知道他們夫妻去了哪裡。〔註38〕

更特別的是，在福壽省有一座大山，為竹山，山上都是竹子，不過每根竹子
都斷了頭，當地人民解釋這種現象跟雄王攻擊蜀王有關。傳說雄王與蜀王大
戰的時候，當雄王射完所有的箭，想出一個辦法，即以竹梢為箭，他立刻
令人把山上的竹梢削為箭，攻擊蜀王，所以至今此座山上的竹子都被斷頭
〔註39〕。事實上，這是一種自然現象，由於這座山地勢比較高，每當大風吹
來的時候，竹子的末端就會斷掉，而變成整座山上的竹子都被斷頭。

　　總而言之，有關雄王戰爭的神話傳說，一方面反映當時雄王與其他部族
交流的情形，目的為了證明雄王時代是的確存在的；另一方面，這些傳說，
尤其是雄王十八代跟蜀王大戰的傳說，是為了要替雄王時代與安陽王時代之
間找到適當的橋梁。換言之，如果說〈鴻龐氏傳〉是鴻龐時代的開始，那麼雄
王與蜀王戰爭的傳說就是雄王時代結束的象徵。

　　此外，這些傳說的主要目的是歌頌對國家有所貢獻的英雄人物，用以提
高民族團結的精神、保存飲水思源的精神。後來這些英雄人物都受到當地人
民立廟奉祀，這些神靈的事跡都列為當地廟宇的神話。因此這些傳說得以流
傳至今，因為它們跟祭祀信仰的習俗融為一體，成為當地廟宇的信仰主軸，
使雄王祭祀信仰的習俗能夠廣泛流傳至今。

〔註38〕阮克昌（Nguyễn Khắc Xương）：《雄王傳說》（Truyền thuyết Hùng Vương），民
　　　　族文化出版社福壽省文學藝術會，2009 年，頁 136～137。
〔註39〕據阮文安所言，阮文安為越南福壽省文學家協會會員。

第四章　雄王神話傳說及越南傳統風俗

　　雄王神話當中，有關越南傳統習俗的紀錄不多，其中〈蒸餅傳〉跟越南傳統過年吃蒸餅的習俗有關；〈鴻龐氏傳〉和〈白雉傳〉跟文身的習俗有關；〈檳榔傳〉跟越南傳統吃檳榔的習俗有關。這些習俗都被視為越南最古老的習俗之一。據傳說，這些習俗大都是雄王所發明的。例如：蒸餅是由雄王十八世為贈送父親禮物而想出的方法，文身習俗是因為龍君教導人民以文身偽裝成水族以免遭蛟龍傷害。吃檳榔習俗，也是由雄王發現的。

　　在流傳過程中，基本上有些風俗仍保留其原始的本質。例如吃蒸餅、吃檳榔。但由於社會生活改變，人民審美觀的觀念也跟著社會發展而改變，使這些習俗已經有了很多變化。

第一節　雄王傳說及文身習俗

　　越南文身習俗是越南上古時代習俗之一，該習俗一直流傳到陳朝才消失。在流傳過程當中，其意義有了不同的改變。關於越南文身習俗的起源，目前有兩種說法：第一種為「生活環境影響說」，記載於《嶺南摭怪》的〈鴻龐氏傳〉、〈白雉傳〉。另一種為「模仿吳、越兩國習俗說」，出現於《安南志略》一套史書當中。

一、越南文身習俗起源

　　越南文身習俗最早記載於《嶺南摭怪》和《安南志略》。不過，如上所述，

二者有不同的解釋。我們先看《嶺南摭怪》中的〈白雉傳〉記載：

> 周成王時，雄王命其臣稱越裳氏獻白雉于周。言路不通，周公使人
> 重譯然後始通。周公曰：「交趾短髮文身，露頭跣足，何由若此？」
> 使者曰：「短髮以便入山林。文身為龍府之形，游泳于水，蛟蛇不
> 敢犯。跣足以便綠木。刀耕火種以便炎熱。檳榔以除汙穢，故成黑
> 齒。」〔註1〕

從以上引文中的「文身為龍府之形，游泳于水，蛟蛇不敢犯。」可證明當時越
南文身習俗的起源之一是受到生活環境的影響。不過《安南志略》一書中，
則說明越南文身習俗是向吳、越兩國學習的。《安南志略》記載：

> 越南文身習俗是向吳、越學習。〔註2〕

那麼到底吳、越兩國文身習俗的實際情況如何？《論衡・書虛篇》記載：

> 禹時，吳為裸國，斷髮文身。〔註3〕

《論衡・四諱篇》又曰：

> 入吳采藥短髮文身，以隨吳俗〔註4〕……吾之吳、越，吳、越之俗，
> 斷髮文身。〔註5〕

黎崱的「向吳、越學習」說，也不是完全沒有根據。根據《論衡》一書所記
載，在上古時代，文身也是吳越兩國一個十分普遍的習俗。不過，越南文身
習俗並不是不是向吳越學習的，而是百粵地區共同的習俗。因為，文身習俗
當時在各百粵族之間流傳相當廣泛，當時越南、吳、越就屬於百粵族。百粵
族文身的習俗甚至有記載於《逸周書・王會解》、《禮記・王制篇》和越南《安
南志略》當中。《逸周書・王會解》記載：

> 正東……漚深、九夷、十蠻、越漚，剪髮文身。〔註6〕

《安南志略》一書引柳私厚詩：

> 共來百粵文身地。〔註7〕

上古時期，各百粵族間擁有很多共同的習俗，這是生活環境所造成的。我們

〔註1〕陳慶浩、鄭阿財、陳義主編：《越南漢文小說叢刊第二輯・第一冊》「神話傳
　　　說類」，〈嶺南摭怪列傳〉，台北：台灣學生書局，1992 年，頁 54。
〔註2〕黎崱：《安南志略》，河內：勞動出版社，2009 年，頁 384。
〔註3〕黃暉：《論衡校釋・書虛篇》，北京：中華書局，1995 年，頁 171。
〔註4〕黃暉：《論衡校釋・書虛篇》，北京：中華書局，1995 年，頁 972。
〔註5〕黃暉：《論衡校釋・書虛篇》，北京：中華書局，1995 年，頁 972。
〔註6〕孔晁注：《逸周書・王會解》，中華書局，出版年不詳，頁 254。
〔註7〕黎崱：《安南志略》，勞動出版社，2009 年，頁 384。

知道，居住在同一個生活環境裡，彼此會有類似或相同的生活習慣，且人們的觀念思想亦有許多共通的特點。至今，除了古籍上的記載，根據考古出土文物，以及研究學者研究的成果可證明，在百粵族居住地區除了短髮文身的習俗之外，另有其他許多相同的習俗。蔣炳釗、吳綿吉、辛土成在《中國東南民族關係史》一書中針對百粵族的共同文化提出幾項值得參考的習俗：

1. 稻米的栽培傳播和影響
2. 鳥靈信仰
3. 蛇靈信仰
4. 銅鋒祭祀
5. 杆欄建築
6. 土敦墓
7. 高地聚落
8. 拔齒習俗
9. 文身習俗
10. 貫頭衣
11. 白水郎及船之祭。〔註8〕

從以上資料我們可以再次確定，越南的文身習俗是由生活環境形成的，同時也是百粵族的共同文化，而不是向吳、越兩國學習而來。在越南，有關文身習俗最典型的神話是〈鴻龐氏傳〉。這則神話原本流傳於民間，後來在十四世紀時記載於《嶺南摭怪》一書。可以說，這則神話對越南人民的心理和生活上的影響非常大。

　　若將〈鴻龐氏傳〉所描述有關文身習俗的內容與〈白雉傳〉所解釋越南文身的起源相互比較的話，不難發現兩者都解釋越南文身習俗主要是為了避免水怪傷害，可算是這則神話其中一個可靠的說法。那麼，這則神話是如何影響到越南文身的習俗呢？

　　在雄王時期，這個故事使當時的人相信文身會能夠避免遭受水怪的傷害。人們相信龍君不僅是越南的始祖，還是保護神，所以碰到災難或出事的時候，他們總是「日夜望龍君之歸，乃相率呼龍君曰：『逋乎在何方？當速來求我』」。可說這段時期神話已融入人民的日常生活當中，使人民相信神話是

〔註8〕蔣炳釗、吳綿吉、辛土成：《中國東南民族關係史》，廈門：廈門大學出版社，2007年1月，頁91～92。

真的。在某些方面，神話被視為一種經典，因此神話自然而然的就成為習俗的一種論述依據，使神話與風俗結合了起來。傅錫壬在其《中國神話與類神話研究》一書說：

> 風俗是人類生活習慣長期累積的結果，而風俗之所以能恆久不變，除了某些風俗既便於生活所需外，迷信所形成的恐懼與壓力，也是不可忽視的原因之一。既然有迷信的成分，則風俗與神話也就自然而然的結合了起來，而且許多風俗是依靠神話才得以保存的。〔註9〕

神話與習俗是交互影響的，這種特性讓兩者能夠一起存在與流傳。當其中有一者消失或者被遺忘了，一定會影響到另一者，可能只存在一段時間，或者演變成為另一個新面貌。

什麼原因讓神話總是跟風俗結合在一起？從故事的內容，我們看得出來，跟風俗習慣相關的神話與傳說內容，主要解釋因為某種原因產生出某種習俗，及此種習俗對人民有什麼好處。因此，神話傳說常加強其所反映的習俗的神秘性與重要性，使人們對其更加信賴，因而使該習俗能長久流傳且廣泛地發展。例如在中國海南島的黎族，和台灣泰雅族的文身習俗，可以流傳至今的原因，也是因為跟神話傳說有關。我們再看以下的例子：

> 在遠古時，洪水泛濫，世界上的各種生物都被淹沒了，人類也同樣遭此厄運，最後只剩下姐弟二人（也有傳說是母子二人）。姐弟二人躲進大南瓜，漂流到了海南島，而倖存下來。他們相依為命，親如手足，但因為是姐弟而始終不可結婚生子。於是姐弟二人分手，各奔東西，商定在島上各自尋找自己的妻子和丈夫，找了很久始終也沒有找到。雷公知道這件事後，化為人身，來到凡間對弟弟說：今天我在這裡，你們姐弟可以結為夫婦。弟弟說：姐姐是不可以與弟弟結婚的，否則會遭雷劈。雷公說：我就是雷公，絕不打你。弟弟堅持不與姐姐結婚，又再次出去尋找自己的妻子，於是雷公將姐姐的面部畫黑。過了一段時間，弟弟再見到姐姐的時候，以為不是自己的姐姐，可以求婚，於是姐弟二人結為夫婦，繁衍生息，而成為今天的黎族人。〔註10〕

我們又再看台灣泰雅族〈婦女刺青文身〉：

〔註9〕傅錫壬：《中國神話與類神話研究》，文津出版社，2005年，頁130。
〔註10〕李勇：〈海南島黎族文身習俗〉，藝術理論，2007年3月，頁123。

從前，在帕庫帕庫瓦卡山有一塊大石頭，有一天大石頭轟隆地一聲
裂開為二，從中生出一男一女。男為兄，女為妹。這個大地上除了
他們兩人，再也沒有其他人了。兄妹倆人和睦相處生活在一起，隨
著歲月的流逝他們也都成年了。妹妹伶俐聰敏，哥哥健壯勤勞，兩
個都到該結婚的年歲了。

有一天，妹妹憂愁的想著：「怎麼辦呢？我們兄妹早就應該嫁娶了，
可是又沒有看過其他的人，想要結婚繁殖後代，看樣子唯有嫁給哥
哥了！」可是，妹妹又怕哥哥不肯娶她，因此想出了一個計謀對哥
哥說：

「哥哥，你也該結婚成家了！」

「是呀，可是我的新娘在那裡呢？」

「就在山麓那邊的岩窟裡呀！」

「那你還不快點帶我去求婚！」

妹妹告訴哥哥，她已經替他談得差不多了，並且描述了那女孩的身
高長相，要哥哥明天傍晚去娶親，自己得先走一步好通知未來的嫂
子準備，便急忙地上路走了。在途中，妹妹想：「我如果像現在的樣
子，被哥哥認了出來，一定不肯娶我！」於是想出一個方法，燒了
一枝樹枝當做木灰，在自己的臉塗畫以改變容貌。次日，當哥哥來
到岩窟，不知道是自己的妹妹而向她求婚，兩人終於成了夫妻，生
了許多孩子。所以後來泰雅族的婦女結婚前都有在額上刺青文身的
風俗。〔註11〕

以上海南島的黎族和台灣泰雅族文身習俗，皆起源於家族婚姻。為了維持代
代的繁榮，妹（姐）在其臉部作畫改變容貌，使其兄（弟）認不出來自己的妹
（姐），引發後世部族婦女們結婚之前都要在臉上刺青文身的習俗。

　　至於神話對封建社會時代所影響的問題。可以說，神話對封建社會生活
還是具有相當的影響力，特別是具歷史性的譜系神話，以及有關風俗的神話
類型。不過，由於當時生活環境，以及政治制度跟原始社會已經改變，尤其
政治制度已有相當的變遷，使人民觀念思想亦隨之產生了不少變化，從而使

〔註11〕林道生：《台灣原住民族口傳文學選集》，花蓮縣立文化中心，1996 年，頁 73
　　　～74。

神話對當時人民的影響跟以前不一樣，這種現像是很合理的。

在現階段，〈鴻龐氏傳〉對越南文身習俗雖仍有相當的影響，不過演變成另一種意思，即紀念先祖、飲水思源、宗族意識的觀念。在越南人思想中，龍君（龍）為越南的始祖，龍是越南人的圖騰，因此人民將龍圖文身以紀念祖先，同時也提醒後代子孫切勿忘記自己的祖先（該問題在文身意義的章節中，會進一步討論）。

二、越南文身習俗在不同時代的意義

在流傳過程中，越南文身習俗歷經數個不同時代，不同的生活環境，導致其原本的意義也不斷地改變。我們可將整個流傳過程的歷史分為三個不同階段：其一，嚮往與水族交流；其二，圖騰崇拜；其三，懷念祖先，龍的傳人的意義。

（一）與水族交流的意義

如上所述，文身習俗不僅是越南上古時代的習俗，也是百粵族生活地域共同的習俗，每個部族有其不同的圖文。從人種學而言，這些圖文除了表示各民族分別崇拜的圖騰之外，也反映出都生活在一樣的環境，但每種圖文代表不同的血統關係。流傳過程中，該習俗會跟著人類發展的變遷，逐漸成為一個民族、或一個地區的文化特色。

在初期階段，越南文身習俗只是單純把自己偽裝成水怪之形以避免水怪傷害而已，顯然該習俗誕生於生活環境的影響。我們知道，上古百粵各族生活在河流密佈的區域，當時人民主要以水上生活為主，所以其日常生活中不得不面對水的威脅。不過，在當時人民思維中，水怪傷害人民不是因為牠們的本能，而是牠們分別不同種族的原因。雖然這個觀點沒有科學性，但是它已反映出來當時人們對周遭環境的認識。生活在科學尚未發展的社會裡，知識和認知主要依靠實際生活經驗的累積，因此這簡單的推論是可以理解的。在他們當時的思維裡，主題（人）和客體（自然界）的關係既簡單又複雜。簡單的是，人們對大自然的理解單純是從日常生活中所觀察到的現象而來；複雜的是，他們將自然界所有的事物神格化，或人格化，即萬物有靈，賦予萬物跟人一樣的特質。

上古越南崇拜水族的風氣十分明顯，以西元前 50 年出土之陶盛銅甕為例。在越南銅甕身上刻畫了捕魚的生活面貌，舟上的舟前頭和後舟尾，都有

一條鱷魚圖案。前舟跟後舟的鱷魚圖案相互接觸就像正在進行交媾行為。（參圖4）

圖4　蛟龍圖騰信仰〔註12〕

越南學者陳玉添認為，這是繁殖崇拜的意思。可以說，陳玉添的說法是很有道理的。但是，除了繁殖崇拜的意義外，亦表現當時他們崇拜鱷魚（水族）的意義。當時漁民將其圖形掛在船上前後頭，不僅求它別再危害人類，也同時希望它能保護漁民。這是一種巫術的力量，使人們捕魚的工作更順利。

（二）圖騰崇拜的意義

越南文身習俗具有圖騰崇拜的意義，表現在越南人將龍圖文身於腿上。這是因為越南人有「龍子仙孫」的觀念，該觀念起源於〈鴻龐氏傳〉當中的仙龍之說（龍＝駱龍君；仙＝嫗姬），為頗具影響越南生活習俗的一則神話故事。從該故事當中，越南人總相信自己是龍的傳人，所以越南人將龍當作自己的圖騰。

越南文身習俗從原先「以墨刺畫其身，為水怪之狀」跟水族進行交流的意義，何以演變為圖騰文身的原因，首先我們要談到受生活環境改變影響的因素。生活環境會影響到人們的思想觀念。從江河漁獵時代對水怪敬畏的觀念，到農耕生產的時候，人類逐漸不再完全依靠水上的漁獵生活，因此害怕

〔註12〕陳玉添（Trần Ngọc Thêm）：《越南文化本色探尋》（Tìm về bản sắc văn hóa Việt Nam），胡志明市綜合出版社，2006年，頁237。

水怪的想法亦逐漸消失，代之的是圖騰崇拜的觀念。

其次，我們知道「圖騰的實體是某種動物或植物，也有以無生物或自然現象作為圖騰的。圖騰的本意是『他的族』。學者們根據原始部落所保留圖騰的不同含義，對圖騰列出眾多的解釋或說法。總而言之，圖騰是因與人類的「族」有神祕的血緣親屬關係而存在的，發軔於原始的宗教與神話。每一個「族」關於圖騰都有其一系列的神話，信仰的組合。他們把動物或植物，認作是他們的祖先或其他親屬，同時也是他們的守護神。圖騰形象是一個『族』的標誌或圖騰。」〔註13〕袁珂說：

> 圖騰主義相信人和動物、植物乃至自然現象以及無生物之間，存在著某種不可見的密切關係。在母權制氏族和社會發生期，圖騰主義就開始有了。當時人們依母系為中心建立起社會組織，住在一定的地區打獵和採集野果，由於如上所述的宗教觀念，也由於社會生活和經濟生活的實際需要（需要有別於其他氏族和對生產對象進行勞動分工），邊很自然地認定其一動物或植物為自己的氏族圖騰，相信氏族成員和被認定為圖騰的動物或植物有親族的關係，從而產生圖騰崇拜的宗教儀式以及禁止傷害或食用圖騰動植物的規定等。〔註14〕

可以說，當一個部族崇拜某種動植物的意識被提高的時候，除了圖騰崇拜本身之外，也具有民族自豪的意識，甚至被視為是部族的寶物，這也是用以區分部族與部族之間的形式。事實上，在世界上不少民族以所崇拜之物為文身的主要圖騰。例如中國海南島的黎族崇拜青蛙，因此進行文身時，常以青蛙作為主要的圖案。李勇先生說：

> 各族按祖傳圖騰進行文身，絕不能假借混用。例如，美孚黎族婦女紋以幾何方形紋樣、泉源紋樣或谷米紋樣所組成的圖案；而潤黎則紋以樹葉紋樣或方塊成形的圖案。青蛙是黎族最崇拜的動物之一，所以黎族文身常以青蛙為主要圖案。〔註15〕

目前，在越南尚未找到任何相關書籍詳述越南人何時開始以龍圖進行文身。越南一直到陳代還是以龍圖文身，到了西元1323年，陳英宗下令禁止兵士文

〔註13〕劉毓慶：《圖騰神話與中國傳統人生》，人民出版社，2004年，頁8。
〔註14〕袁珂：《中國神話傳說》，人民文學出版社，1998年，頁9～10。
〔註15〕李勇：〈海南黎族文身習俗〉，《藝術理論》，2007年3月，頁122。

身，從此越南文身的習俗才不得延續。

其三，是出自於心理作用。一般而言，以圖騰進行文身是因為人們希望能夠得到圖騰的庇佑，他們相信圖騰能幫人驅鬼辟邪。李勇以為文身除了能躲避蛇怪引起的禍患，還有驅鬼護身的用意，他說：

> 古籍中有太伯通過文身來躲避蛟龍所引起的禍患，從這點已可看出
> 其中有驅鬼護身的用意。海南島人也同樣認為文身具有驅鬼避邪、
> 保護人民的生命安全、維護人民生活祥和安定的意思。例如白沙峒
> 黎的腿文采用文字的形狀，就是驅鬼護身的意思。〔註16〕

這裡的「驅鬼避邪、保護人民的生命安全、維護人民生活祥和安定的意思」，因為當時人們相信圖騰即為守護神，能時時刻刻保護人民安全。因此，刺在身上就能時時刻刻得到神的保護。

（三）紀念祖先，龍的傳人的含意

《越南史略》記載：

> （上皇）向陳英宗說：「我國本有文身紀念祖先的習俗，因此你亦必
> 要文身。〔註17〕

到了陳代，越南文身習俗的意義已經變成為了紀念祖先。這個變化我們不得不談到，其生活條件、政治制度的改變，以及其他習俗的影響。越南社會傳到了陳代，已經有了很大的變化。從生活環境開始談起，越南當時社會已脫離原始江河漁獵生活的時代相當遙遠，人民的思想觀念屬農業方面的思想，人民思維當中江河漁獵的概念不復存在。政治制度方面，陳代是越南封建社會的巔峰階段。因此以文身與水族交流的觀念在他們的思想中已經不存在了，取代而之的是紀念祖先的觀念。

那麼，為何當時越南人以龍形文身來紀念祖先呢？如上所述，對越南生活具相當影響的〈鴻龐氏傳〉是越南人認為龍君是越南和百粵民族始祖的來源，越南人以龍之圖騰為崇拜之物。因此以龍圖進行文身，一方面是為了紀念自己的祖先，另一方面則提醒子孫要飲水思源，切勿忘祖的用意。

飲水思源，讓後代子孫都能記得祖宗和本族的根源是祭祀祖先所要傳達的主要理念。祭祀祖先的習俗進入越南之後，頗受越南人歡迎，並一直流傳

〔註16〕李勇：〈海南島黎族文身習俗〉，藝術理論，2007 年 3 月，頁 123。
〔註17〕陳重金（Trần Trọng Kim）：《越南史略》（Việt Nam sử lược），文學出版社，
　　　2008 年，頁 169。

至今，顯然它對越南人有相當的影響。祭祀祖先跟以文身紀念祖先相較之下，二者的意義有共同之處，即懷念先祖。而值得注意的是，文身習俗在最初階段原本毫無此用意，因此可以推論以龍形進行文身為紀念祖先與接受祭祀祖先習俗影響的。

在中國海南島黎族的文身習俗，亦與紀念祖先有關，不過他們是由於怕死後祖先認不出其後世子孫，因此才以祖先所傳承的圖案進行文身。李勇寫道：

> 自古以來，世代子孫需遵守祖宗的遺制，按照祖先所留下的圖譜進行文身，作為民族的標誌。因為誕生時如不文身、繡面，身上沒有自己民族相關的特定標記，則祖先所有的子孫眾多，難以全都辨識出來，因而可能認不出其為自己的後代。〔註18〕

從以上的引文可以看出來，越南人文身與海南島文身之間的差異。越南人是以在世時必須要記住祖宗在心裡裡面的意義。但黎族卻考慮到人「死後祖宗無法確認其為自己的子孫，必定會成為孤魂野鬼。」

總之，即便越南文身的習俗今已失傳，但是從越南漢文文獻、歷史資料上，我們可以知道越南曾有一段時間文身習俗的確在這個地方廣泛的流傳著。環境的影響為該習俗重要的起源之一。從《嶺南摭怪》的「時山麓之民漁浞于水，往往為蛟蛇所傷」，和黎崱《安南志略》的「暑熱好浴於江，故便舟善水」，以及「共來百粵文身地。」等句可以看得出來，上古越南和百粵族居住的地方河流密佈，人們捕魚維生，漁民下水游泳，往往被蛟蛇所傷，從而想出文身的辦法，以避免水怪傷害。因此可以說，文身習俗是越南人與百粵族共同的文化，而不是向吳、越兩國學習而來。

越南〈鴻龐氏傳〉神話，除了使越南文身習俗永久廣泛的流傳，並且也在不同的時代賦予它不同的意義。一開始越南文身是為了避免遭受水怪所害，後來演變為圖騰崇拜，與紀念祖先的意義。

我們知道，民間習俗之所以能夠延續，除了人民信任之外，同時也受到神話傳說的影響。因為神話除了解釋某種習俗的起源，還賦予習俗一個很特別的意義，從而才能長久流傳於民間。換言之，神話為習俗的靈魂，因為任何一個習俗，若不具文化意義，則必將埋沒於歷史當中。

〔註18〕李勇：〈海南島黎族文身習俗〉，《藝術理論》，2007 年 3 月，頁 122。

第二節　雄王傳說及過年吃蒸餅習俗

　　越南人過年吃蒸餅有悠久的歷史，這是越南有別於其他亞洲國家的文化。越南蒸餅不僅是日常生活中一種昂貴的餅類，更是過年祭祀祖先不可或缺的祭品。據傳說，該習俗起源於雄王時代，為雄王十七世的郎僚公子送給其父親的生日禮物。目前在越南可看到兩種蒸餅：正方形和柱形〔註19〕。據傳說，原來的蒸餅是正方形，現今大多學者也都認同這個說法〔註20〕。但是有些學者，從越南北部少數民族和和內地去考察他們所用的仍是柱形蒸餅，由此推論柱形蒸餅才是原來的蒸餅。有些學者發現，不僅在越南北部，南部也有柱形蒸餅。

一、越南吃蒸餅習俗起源

　　越南過年時吃蒸餅和薄搗餅是一種古老的習俗。據傳說，蒸餅起源於雄王十七世末的時候，由郎僚公子（後來繼位為雄王十八世）所發明的。越南的蒸餅和薄搗餅後來成為越南過年特別的禮物，具有代表天地之形的含義。蒸餅代表地球之形（上古越南人認為地球為四方形），薄搗餅代表天之形（上古越南人認為天為圓形），以及包含子孫對父母和祖先孝順之意。《嶺南摭怪》中的〈蒸餅傳〉記載：

> 雄王既破殷軍之後，國內無事，思欲傳位於子，乃會諸官郎公子二十二人，謂之曰：「我欲傳位，有能如我願，欲其以珍甘美味，歲終薦于先王以盡孝道，方可傳位」。

> 於是諸子各搜水陸珍奇，多方魚獵市鬻，先務要異味，不可勝數。獨十八子郎僚母氏寒微，先已病故，左右寡少，難以應辨，晝夜憂思，寤寐不得。忽夢神人告以「天地之物，米獨為貴，所以養民，能壯人者也。人食不能厭，他物莫能先。若以糯米作餅，或舂粘為圓以象天，或裹葉為方以象地，中藏美味，以則天地包涵萬物之狀，寓父母養育之恩，如此則親心可悅，尊位可得。」郎僚驚覺，喜曰：「此神助我也，當遵而行之。」乃擇儒米之精白圓完無所缺者漸漸

〔註19〕正方形與柱型的蒸餅越南北方都有，但以正方形較為普遍，因此被視為北方傳統的蒸餅；而南方只有柱形蒸餅，因此被視為南方的代表。南北柱形蒸餅有不同的名稱，北方稱為傣族蒸餅；南越稱為小圓粽。

〔註20〕支持該說的學者，主要按照神話傳說的內容，完全沒有經過實際考察，因此以文本為準。

之潔精，以青葉有表為方形，置殊味於其中，養而熟之以象地，號「蒸餅。」又以糯米炊之至熟一搗而爛搏，作圓形以象天，號曰「薄搗餅」。

至期王會諸子，具陳物撰。歷而觀之，諸子所獻無物不有，惟郎僚作方圓餅以進，王異之。間諸郎僚，郎僚具對如神人所告。王親嘗之，百味皆有，適口不厭。諸子所陳，莫能加之。王嘆賞良久，以郎僚為第一，歲終節候當作郎僚所進蒸餅以奉父母。天下效之傳至於今。以其名郎僚故呼為「節料」。王乃傳位於郎僚。兄弟二十一人分守藩維，立為部黨，據守山泉，以為險固。

其後互相爭長不睦，各立木柵以遮護之，古曰冊，曰雄，曰莊，巨坊，自此始也。〔註21〕

福壽省現存的另一個〈蒸餅傳〉，跟上則故事沒什麼差異。二者之間最大的差別在於，蒸餅是由郎僚公子自行發明的，而不是受神靈教導的。傳說中日：「郎僚為了想找一個特別的禮物送給父親，他發現其他兄弟各自搜尋水陸珍奇之物，心裡很著急。正月十五，郎僚突然聞到一個十分熟悉的香味，他慢慢靠近那味道所在的地方，發現原來是糯米的香味。他突然想出來一個辦法，將糯米包成蒸餅。他說：這就是我所要尋找送父親最好的禮物。〔註22〕」此外，福壽省還流傳〈糯米粉粽子〉的傳說，其故事情節跟〈蒸餅傳〉一模一樣，可以視為〈蒸餅傳〉的演化版本：

新年快到了，諸官郎及諸媚娘都到各地去尋找禮物送給雄王。只有小媚娘找不到什麼東西，委屈地哭起來，突然出現一位身材高大的人，向她問為何她哭？媚娘跟他說，她找不到禮物送給雄王。那個人說：你常作假餅玩，今天你試試做那種餅給雄王，但是你記得不能用沙，而是用糯米取代之。小媚娘很高興，她用竹葉捲起來像一頂斗笠一樣，然後把糯米放進去煮。過年那天，官郎及媚娘們依序進去送給雄王自己從各地帶來的禮物。雄王發現小媚娘沒有來祝福他，雄王才傳令尋找小媚娘，此時小媚娘才從外面慢慢地走進去，

〔註21〕陳慶浩、鄭阿財、陳義主編：《越南漢文小說叢刊第二輯‧第一冊》「神話傳說類」，《嶺南摭怪列傳》，台北：台灣學生書局，1992年，頁49。

〔註22〕阮克昌（Nguyễn Khắc Xương）：《雄王傳說》（Truyền thuyết Hùng Vương），民族文化出版社福壽省文學藝術會，2009年，頁30。

靠近雄王的時候，她才不好意思拿出糯米餅送給父親，雄王嚐一嚐，然後宣佈小媚娘的禮物得到第一名。〔註23〕

二、蒸餅和小圓粽

如上所述，由於蒸餅出自雄王時代的傳說，蒸餅又稱為過年餅。在越南不論家境貧富，過年都以蒸餅為祭祀祖先的祭品，或當作送禮的選擇。因此蒸餅在越南社會中佔有崇高的地位。

蒸餅是越南農業的產品，蒸餅的出現反映出越南農業已步入另一個嶄新階段。一方面是要創造出農業生活的飲食，另一方面則提高稻米在農業社會中的重要性，這點表現於雄王享受郎僚的蒸餅後，肯定他的禮物比其他兄弟所送的水陸珍奇禮物還要珍貴，因而得到繼位為雄王的機會。（參圖5）

圖5　包蒸餅〔註24〕

至今，仍流傳著許多跟農業有關的習俗。例如三月三日吃湯圓、端午節吃鴨肉吃水果等等，這些節日，不僅讓一家人得以團結起來，還提醒我們要重視農業產品，而過年吃蒸餅被視為越南其中一個十分特色的習俗。

在越南，蒸餅可分為正方形及柱形兩種。正方形被視為傳統的蒸餅，與〈蒸餅傳〉有關，出現在越南北方大部分地區，但北部也有些地方食用柱形蒸餅，例如：福壽、東京（河內）。（參圖6）

〔註23〕阮克昌（Nguyễn Khắc Xương）：《雄王傳說》（Truyền thuyết Hùng Vương），民族文化出版社福壽省文學藝術會，2009年，頁35～35。

〔註24〕圖片：阮有雄攝。

圖 6　煮蒸餅〔註 25〕

　　越南南部的蒸餅以柱形為主，又稱為小圓粽（參圖 7）。正方形的蒸餅中間主要放豬肉和綠豆，而柱形蒸餅則按照各地習慣的不同，有些地方放入綠豆、豬肉和蝦子幹，而有的則放紅豆、綠豆、芋頭等。

圖 7　柱形蒸餅〔註 26〕

　　越南南北蒸餅除了其外形上的差異之外，過年使用時也有稍微不同之處。一般蒸餅用來當祭品的時候，只要把外面的竹篾打開〔註 27〕，然後放在小盤

〔註 25〕圖片：阮有雄攝。
〔註 26〕阮志斌攝。
〔註 27〕意思是邀請祖先吃的時候其子孫必需打開，一方面表示尊重，一方面怕祖先沒辦法吃，或對祖先不禮貌的意思。

子上面。但柱形蒸餅的使用方式不同，有些地方除了把外面的葉子去除之外，還要切成小塊。有的地方還要把它直立，這麼做有兩種解釋：一是，農業的繁殖崇拜信仰；二是，天－地－人的說法，即直立的柱形蒸餅為天柱的象徵，作為天、人、地三者結合的橋樑〔註28〕。雖然兩者都是過年祭祀祖先的祭品，只有正方形蒸餅可以當作過年贈送親戚朋友們的禮物，而南方的小圓粽卻不可以。祭祀祖先時，需依照各地不同的習俗進行。

第三節　雄王傳說及嚼食檳榔習俗

越南嚼檳榔習俗歷史久遠，它對越南生活有很大的影響。在交際上檳榔成為人與人之間的溝通橋樑；是情侶之間的定情之物；在婚姻關係上也是不可或缺之物；在祭祀信仰上檳榔也是必備的祭品。

一、越南嚼食檳榔習俗起源

該傳說起源於雄王時代，由雄王發現。據說，當雄王知道檳榔的傳說之後，因受他們兄弟、夫婦的感情所感動，遂命令檳榔作為結婚的禮品，從此以後檳榔將是婚禮上必備之物，〈檳榔傳〉記載：

> 上古時有一官郎狀貌高大，國王賜名高，因以高為姓。生二男，長曰檳，次曰榔，二人相似不辨。兄弟年方十七八，父母俱亡，相與尋師學道，師事道士姓劉。劉家有一女年亦十七八，欲為夫婦，不識其為兄為弟，乃以粥一盌，箸一雙與二人食，以觀其兄弟。見弟讓其兄而辨之，乃以實告父母嫁其兄，夫婦情愛日密。
>
> 至後，待弟或不如初。弟自生羞愧，謂兄愛妻而忘弟，乃不告兄而去。行至村野間，忽遇深泉，無船可渡，獨坐慟哭而死，化為一榔出於其口，（檳榔是也）。及兄覺失弟，辭妻追尋，見弟已死，遂投身於樹邊，成一石塊，蟠結樹根。妻怪其夫久不見還，乃追而尋之。及到處見夫已死，遂投身抱石化為一藤旋繞石上，葉味芳辛（芙蕾是也）。劉氏父母追思哀慟，乃立祠其地祀之。時人經此皆焚香致拜，稱其兄弟友順，夫婦節義。

〔註28〕http://lophocvuive.com/diendan/f15/ngu%E1%BB%93n-g%E1%BB%91c-b%C3%A1nh-t%C3%A9t-3217/

> 七八月暑氣未退，雄王巡行，常駐蹕避暑於此，見祠前樹葉繁密，藤葉灘蔓，王登石審視，問之而知其事，嗟嘆良久，即令侍臣摘採藤葉，王親咬之，唾於石上，見其色鮮紅，覺為佳味，乃取而歸，始命以火燒石為灰與樹菓藤葉合一而食，甘脆芳辛，唇頰生紅，乃傳頒天下隨處在栽植。凡嫁娶會同大小禮，皆以此物為先，即今檳榔樹，芙蒥葉，石灰是也。此南國檳榔之栽由始焉。〔註29〕

以上的神話傳說，為越南雄王時代風俗的神話傳說之一，其內容可以分為兩個主要部分：其一，檳榔的來源；其二，越南嚼食檳榔風俗的來源。其中主要強調雄王的發現經過以及將檳榔作為越南結婚禮品之因由。

之所以將越南檳榔作為高貴的婚禮禮品是由於它的令人動容之處，即男女與兄弟情感。就是因為這麼感人的故事，所以雄王才決定將檳榔作為結婚禮品。

越南嚼食檳榔的習俗在流傳過程當中，已形成很特別的一種文化。越南人不僅吃檳榔、把它當成婚禮禮品，且還用在交際、信仰上，男女談戀愛的時候也常以檳榔作為愛情的象徵。

至今，提到檳榔習俗的起源，越南人就會聯想到檳榔與雄王的關係。值得注意的是，在越南人的思維裡〈檳榔傳〉是道道地地的越南神話傳說，是越南人所創作出來的古老神話傳說之一，檳榔的發現及嚼食檳榔的習俗是從雄王時代就開始的古老習俗。甚至研究學者也根據該傳說證明這是雄王時代有關習俗的資料。這不難理解，因為〈檳榔傳〉的內容及人物形象皆具有越南當地的文化。不過，跟越南人一樣，阿美族也有歷史長久的嚼食檳榔習俗。更值得注意的是，在阿美族的檳榔傳說當中有一則跟越南〈檳榔傳〉相同。阿美族的〈檳榔傳〉記載：

> 從前，有一家兄弟倆，哥哥叫賓郎，弟弟叫嚴實。他倆靠打獵為生。一天，兄弟倆在一座山上打獵，一直打到天黑，也沒有打到一隻獵物，只好空著手回家。忽然，他倆聽到紫藤林裡傳來陣陣女人的呼救聲：「救人啊！救人啊！」
>
> 賓郎和嚴實急忙進紫藤林裡，只見一隻兇狠的老雕把一個姑娘撲倒在地上，用利爪挖出了姑娘的心臟和雙眼，張開大嘴吃進肚裡。它

〔註29〕陳慶浩、鄭阿財、陳義主編：《越南漢文小說叢刊第二輯・第一冊》「神話傳說類」，《嶺南摭怪列傳》，台北：台灣學生書局，1992 年，頁 39。

剛要吞食姑娘的肝肺，賓郎拉起弓來，一箭射進了老鵰的眼睛。老鵰疼得尖叫一聲，急忙向空中飛去。

賓郎和嚴實見姑娘慘死在地上，很不忍心。怎樣才能把姑娘救活呢？他們想了老半天也沒想出個好辦法。他們想啊！想啊！還是賓郎有辦法。他說：「咱倆一個把眼睛挖出來，安進姑娘的眼窩裡，一個把心臟挖出來，安進姑娘的胸腔裡。這不就能把姑娘救活嗎？」

弟弟說：「好，就這麼辦，我把心挖出來，獻給姑娘。」賓郎拉住弟弟的手，說：「慢！人沒有眼睛能活，沒有心就活不成了。還是讓我把心獻給她吧！」「不，還是讓我把心給她！」「不，還是讓我把心給她！」他們哥倆正在爭執不休的時候，一隻小鳥飛來，對他們說：「兩位好心的阿哥，這姑娘叫藤嫚，她身邊沒有一個親人，現在又遭到惡鵰殘害，你們一定要救活她。不過，挖你們自己的眼睛和心臟來救她，不是個辦法」。

「那你說什麼辦法好？還得在老鵰的身上想辦法。那老鵰，住在北邊的玉山上。你們要是能逮住它，讓它把眼睛和心臟還給藤嫚，藤嫚才能得救。好，我們一定去逮住老鵰」。

小鳥又說：「那玉山離這裡很遠很遠，不等你們走到，姑娘的眼睛和心臟就會在老鵰肚裡化掉。你們必須在三天之內，把老鵰逮回來，姑娘才能有救。」兄弟倆發愁起來：「路這麼遠，三天之內怎麼能回來呢？」

小鳥讓他們伸出手來，便從嘴裡吐出兩顆寶珠，說：「這是兩顆避水珠，你們把它含在嘴裡，到海裡去制伏火龍，讓火龍馱著你們到玉山，才能盡快逮住老鵰。我在這兒看住姑娘，你們趕緊去吧！」

兄弟倆辭別了小鳥，急忙跑到海邊，跳進海裡。他們找到火龍，同火龍搏鬥了兩天兩夜，終於把火龍制伏了。他們騎著火龍，向天空飛去。不大工夫，就飛到玉山。玉山頂上，颳著寒風，飄著大雪。火龍頂住寒風，融化了大雪，他們終於在懸崖頂上的一個石洞裡，找到了老鵰。老鵰因為眼睛受傷正在昏睡，他們趁此機會，逮住老鵰，很快飛回了紫竹林。兄弟倆逼著老鵰，把姑娘的眼睛和心臟吐

出來，送還姑娘的眼窩和胸腔裡。藤嫚姑娘救活了，他們這才放走了火龍和老鵰。

賓郎，嚴實兄弟倆告別了小鳥，把藤嫚領到家裡，像親兄妹一樣對待她。平時，他倆到山上打獵，藤嫚就在家裡釀酒、椿米、做飯和縫補衣裳。天長日久，兄弟倆都看上了這個美麗的姑娘。藤嫚也喜歡這兩個好心腸的小夥子。她想：「可惜只有一個身子，要是能變成兩個人，讓他倆都得到幸福，那該多好啊！」藤嫚天天這樣想，越想越發愁，不久，就愁病了。每天，哥倆都輪流在家伺候她。

一天哥哥賓郎在家伺候她，弟弟嚴實到山上打獵。傍晚，嚴實從山上回來，走到窗前，聽見哥哥在同藤嫚說話。哥哥說：「阿妹，你的心裡我全知道，你是為我們兄弟倆的婚事而愁病的。說心裡話，我非常愛你，可是，我弟弟也非常愛你。我是哥哥，應該把幸福讓給弟弟，我看，你就嫁給嚴實吧！」藤嫚已泣不成聲：「你們倆都是好人，哪一個我也捨不得」，嚴實聽到這裡，再也站不住了，他為了讓藤嫚解除痛苦，讓哥哥得到幸福，就走出家門，一頭撞死在門旁的山腳下。哥哥聽見動靜，走出來一看，心都痛碎了，也一頭撞在山腳下，倒在弟弟的身邊。天色晚了，藤嫚還不見賓郎和嚴實回家，她放心不下，拖著病體走出來一看，哥倆都撞死了，她難過極了，也一頭撞撞在山腳下，倒在兄弟倆的中間。

後來，弟弟嚴實的屍首變成了一塊大岩石，哥哥賓郎的屍首變成了一捆結滿圓果的大樹，人們都管它叫檳榔樹，藤嫚的屍首變成了一棵枝葉繁茂的葛藤，緊緊地纏繞在岩石和檳榔樹上。人們都說，他們三個人死後，還在相親相愛著。人們把檳榔果、岩石末、葛藤葉弄到一起，搗粘糊，含在嘴裡嚼，立刻就變成紅色。從此後，原住民男女青年，在談情說愛的時候，嘴裡就嚼著血紅的檳榔，互相表達忠貞的愛情。在接待客人的時候，也給客人嚼檳榔，以表達主客之間的親密感情。〔註30〕

我們先看以下的對照表：

〔註30〕達西烏拉彎・畢馬：《阿美族神話與傳說》，台北：晨星出版社，2003年，頁143～146。

表6　越南和台灣阿美族的檳榔傳說對照表

	越　南	阿美族
哥名	檳	檳榔
弟名	榔	嚴實
女子名	姓劉	藤嫚
見面原因	學道	打獵
關係	夫妻	男女朋友
死原因	誤會感情不好	兄退讓弟
哥死後化為	石頭	檳榔
弟死後化為	檳榔	石頭
女子死後化為	芙蕾	葛藤
死後	立廟奉祀	未明言
發現者	雄王	人民

　　從故事的內容而言，越南的神話傳說和阿美族的神話傳說中有些不同之處。
例如阿美族的故事，已經將人物的名稱故意取為跟後人化成之物同音的名
稱：「賓郎」與「檳榔」同音、「嚴實」與「岩石」同音、「藤嫚」與「葛藤」
同音。這點與越南故事有點不同，越南的故事當中將兄弟兩人的名字合成「檳
榔」這個名稱，但事發後哥卻化為岩石，弟化為檳榔，顯然哥哥名字跟其所
化之物似乎沒有任何關係。

　　另一個區別是，越南人將發現檳榔的功勞歸於雄王，使檳榔在社會上
的地位更加崇高。而阿美族發現檳榔是一個再自然不過，由一位平民發現
而已。

二、越南嚼檳榔的歷史

　　《嶺南摭怪》記載：

　　　　檳榔以除汙穢，故成黑齒。〔註31〕

如此可知，當時越南吃檳榔已相當普及而「久食，令人齒黑。」唐代的杜佑在
《通典》卷六食貨六記載安南曾將檳榔同其他貢品向中國進貢：

　　　　安南都護府貢蕉布十端，檳榔二千顆。〔註32〕

〔註31〕陳慶浩、鄭阿財、陳義主編：《越南漢文小說叢刊第二輯·第一冊》「神話傳
　　　　說類」，《嶺南摭怪列傳》，台北：台灣學生書局，1992 年，頁 54。
〔註32〕唐·杜佑：《通典》，杭州：浙江古籍，2000 年，頁 37。

宋代歐陽修在《新唐書》卷四十三上志第三十三上曰：

> 安南中都護府，本交趾郡，武德五年曰交州，治交趾。調露元年曰
> 安南都護府，至德二載曰鎮南都護府，大曆三年復為安南。寶曆元
> 年徙治宋平。土貢：蕉、檳榔、鮫革、蚺蛇膽、翠羽。戶二萬四千
> 二百三十，口九萬九千六百五十二。〔註33〕

將檳榔同樣與鮫魚皮、蚺蛇膽、象牙當貢品，顯然檳榔在越南人的心目中佔
有重要的地位。檳榔在越南可當交際的媒介，如男女傳達愛意之物、婚姻的
禮品、祭祀的祭品。若將檳榔與其他東西比較，沒有任何東西能像檳榔一樣
重要了。到了十六、十七世紀歐洲人來越南，也有詳細的記載。J. Barow 說：

> 這裡居民普遍的習俗是嚼檳榔讓唇紅和牙變黑，使他們的外表看起
> 來不夠風雅。〔註34〕

可以說，在歐洲人的觀念裡，吃檳榔是很噁心的、不順眼的，甚至還讓對方
覺得他們的外表不風雅。但對越南人而言，吃檳榔卻是一種打扮，使婦女的
嘴唇變紅，臉頰就像塗上紅粉一樣漂亮，吃檳榔也是婦女們打扮的一種方式。
J. Barrow 又說：

> 值得注意的是，北河人跟亞洲其他部族一樣，他們時時刻刻都吃檳
> 榔……有的人一天吃一百口左右。因為，不管在家還是在街上，或
> 是在田裡，他們的嘴巴裏面都有檳榔。〔註35〕

過去越南人上自君主下至庶民，從市民到農民都嚼檳榔，似乎終日不離口。
家家戶戶都有檳榔盒、小刀子、石灰瓶，讓他們可以隨時做檳榔吃。檳榔已
成為日常生活中不可或缺的東西，有時買檳榔甚至比買稻米還重要。這種情
況不僅發生在越南，台灣地區也很普遍。《小琉球漫誌》一書記載：

> 土人啖檳榔，有日食六、七十錢至百餘錢者，男女皆然；惟臥時不
> 食，覺後即食之，不令口空。食之既久，齒牙焦黑；久則崩脫。男
> 女年二十餘齒豁者甚眾。聞有一富戶，家約七、八口，以五十金付
> 貨檳榔者，令包舉家一歲之食；貨檳榔者不敢收其金，懼傷本也。

〔註33〕許嘉璐主編；黃永年分史主編：《新唐書》，上海：漢語大詞典出版社，2004
　　　年，頁898。
〔註34〕Barow：《一趟遊行到南河省，1792～1793》（một chuyến du hành đến xứ Nam
　　　Hà 1792~1793），河內：世界出版社，2008年，頁83。
〔註35〕Barow：《一趟遊行到南河省，1792～1793》（một chuyến du hành đến xứ Nam
　　　Hà 1792~1793），河內：世界出版社，2008年，頁49。

　　貧窶之家，日食不繼，每日檳榔不可缺；但食差少耳。相習成風，
牢不可破，雖雲足解瘴除濕，而內地官臺者，食亦稀少，未見遂受
濕瘴病，是知土人惡習也。〔註36〕

在「台灣許多紅唇族，嚼食檳榔像牛、羊的反芻，嘴巴嚼個不停，一天不知已
嚼掉多少檳榔。越南人把檳榔當水果，飯後吃一粒即可，一天最多可嚼四、
五粒。」〔註37〕受到西方文化的影響，特別是法國文化，從十九世紀末、二
十世紀初期間開始，越南人的審美觀逐漸改變。一開始是男生開始不吃檳
榔，也不染牙齒，形成了一股喜歡白牙齒的潮流。到了二十世紀中葉，出生
於此段時間的女生，也開始不染黑牙齒，但是還吃檳榔。出生於二十世紀五
十、六十年代的年輕男女吃檳榔的人好像不多。同時完全沒有人染牙齒，越
南染牙齒習俗從此絕跡，五十年代在傳統市場裡找不到專以染牙齒為服務的
業者。因此今日越南吃檳榔的人數日益減少，主要食用族群落在七十歲以上
的老婦女。

　　可以說，隨著社會發展，以及外來文化的影響，人民的觀念開始改變，
審美觀也因此改變。越南年輕婦女不用靠吃檳榔來打扮，而開始會使用西方人
專用的化妝品。年輕男女開始有了黑牙齒為不順眼、不好看的觀念。黑牙齒
已不是人們自豪的象徵，也不是愛情的代表，代之的是白牙齒。也因為要保護
他們的牙齒，他們不喜歡吃檳榔，不再把檳榔當作主要的去味物品，代之用
牙膏保護牙齒，因此吃檳榔的習俗也跟著式微。可以說二十世紀五十年代是
越南吃檳榔的文化面貌開始轉變的時候。嚼食檳榔習俗不僅有消失的危機，且
檳榔文化也有些改變，檳榔現在似乎只用於祭祀儀式和婚禮而已，男女間以
檳榔象徵戀愛的習俗已不存在。越南檳榔文化面貌已邁向新一個階段。

三、檳榔文化對越南社會生活的影響

　　越南檳榔文化被視為古老文化之一，經過漫長的歷史階段，檳榔文化對
越南社會有了很大影響，同時這種文化也有相當大的變化。曾經有一段時間，
檳榔是越南生活上高貴且不可少的物品，它是聯絡人與人之間情感的橋樑，
是男女之間愛情的象徵，是人民對祖先表示的懷念之情。不過，由於現代越
南人的審美觀已經改變，尤其是吃檳榔的人數越來越少，使越南檳榔文化的

〔註36〕朱仕玠：《小琉球漫誌》，台北市：台灣銀行經濟研究室編印，1957年，頁71。
〔註37〕王蜀桂：《台灣檳榔四季青》，台北：常民文化學會，1999年11月，頁208。

整體面貌改變很多。

（一）人際交往的橋樑

越南人有句話說「檳榔是寒暄的開始」，這句俗語是從日常生活經驗中所汲取的哲理。它反映了檳榔在越南人生活中佔有一席之地，尤其是在人與人之間的關係中，檳榔是一個重要的溝通橋樑，讓彼此可以容易了解對方的感情與態度。有這種習俗的存在，其原因為：其一，展示好客的態度。越南人在客人來訪時，會把家裡最好的東西拿來招待客人；其次，表達情感。跟陌生人來往時，藉檳榔與人相識相知。請熟人吃檳榔，更能與對方交心，留給對方一個好印象；其三，共同分享。檳榔是越南日常生活中不可或缺的佳品，因此請別人吃檳榔展現出一種分享的態度。

由此客觀而論，檳榔早已在越南人心目中佔有重要的地位。它不單是一種日常生活的必需品，超越這種觀念，已成為代表交際、愛情與祭祀的觀念。

日常生活中的人際往來，檳榔負起溝通橋樑的任務。不管何時，何種情況，如在路上碰到朋友，或想認識一個陌生人，他們都拿檳榔請對方吃，經由請客可以表達感情，讓對方了解自己的好意並讓雙方的感情與日俱增。

此外，檳榔還是一種珍貴的禮品，去朋友或親戚家裡拜訪時，他們第一個想到的就是一串檳榔、一把蔞葉。朋友前來訪問時，第一個工作就是拿檳榔來請客。若客人來到家裡，而沒有請吃檳榔，將被視為一種不禮貌的行為，或可能被誤認為是看不起客人。Wiliam Dampier 說：

> 蔞葉是東方待客的上等禮物。去訪問親戚朋友，人們都請對方吃，裡面有小包檳榔。他們將檳榔削去外殼之後，按照大小切成三至四小塊。〔註38〕

在交際上，贈與跟被贈與雙方還通過製作檳榔所配用的工具來判斷對方的心意以及其性格。若檳榔做得外觀很漂亮，又放在一個精美的盒子，這表示看重客人，主人也是個有禮貌又富裕的人。J. Barow 說：

> 去拜訪朋友，辭別時如主人不拿出檳榔盒讓他們挑選的話，會被視為看不起他們。如果將檳榔裝在一個很漂亮的盒子裡，那麼客人會覺得十分榮幸。〔註39〕

〔註38〕Wiliam Dampier：《1688 年的一趟遊行到北河》（Một chuyến du hành ra đằng ngoài năm 1688），河內：世界出版社，2006 年，頁 73～74。

〔註39〕Barow：《一趟遊行到南河省，1792～1793》（một chuyến du hành đến xứ Nam

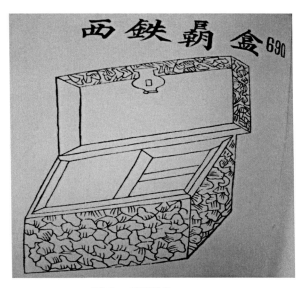

圖8　檳榔盒〔註40〕

　　由於檳榔用在社會交際上，因此除了重視檳榔本身之外，越南人對其所
配用的工具也很講究如：檳榔盒、瓷罐、小刀子等都做得很精細。這些不僅
是工具，更代表所有者的面貌、個性及其地位，因此越富裕的人越是希望擁
有一套精美的器具。Wiliam Dampier 說：

> 在北河每個人都有一個可以裝很多已配好檳榔的盒子。從貴族至乞
> 丐都嚼檳榔。窮人帶著一小包，朝廷大臣則有一個橢圓形的盒子，
> 可以裝下 50 至 60 口。這些盒子的裡外都被磨光、鑲黃金，盒子有
> 一個蓋子可以蓋上去。若有生客，尤其是歐洲人，則檳榔會搭配其
> 他東西一起請客。〔註41〕

Barow 則記載：

> 去拜訪朋友，辭別時如主人不拿出檳榔盒讓他們挑選的話，會被視
> 為看不起他們。如果將檳榔裝在一個很漂亮的盒子裡，那麼客人會
> 覺得十分榮幸。〔註42〕

　　　　Hà 1792~1793），河內：世界出版社，2008 年，頁 49。

〔註40〕Henri Oger：《安南人的技術》（Technique du peuple Annamite = Mechanics and
　　　　crafts of the Annamites），世界出版社 2009 年，頁 690。

〔註41〕Wiliam Dampier：《1688 年的一趟遊行到北河》（Một chuyến du hành ra đằng
　　　　ngoài năm 1688），河內：世界出版社，2006 年，頁 73～74。

〔註42〕Barow：《一趟遊行到南河省，1792～1793》（một chuyến du hành đến xứ Nam
　　　　Hà 1792~1793），河內：世界出版社，2008 年，頁 49。

由於檳榔在社會交際上的重要性，因此越南人除了重視檳榔之外，對其所配用之工具也相當講究，例如：檳榔盒、瓷罐、小刀子等都早已做得很精細。實際上這些配用之工具都是具有藝術的工具，並得到越南人喜歡。一般它會被放在客廳作為裝潢物品，或除外隨身帶走的東西。越南人使用這些吃檳榔的配用工具跟其他藝品一樣，不外於表現富有及個人審美觀的意義，因此早期很過富有家庭或官僚，或知識分子都買了他們喜歡的東西回來使用。越南人很看重交接，當請客人，或親戚朋吃檳榔的時候，他們不單純只是請對方吃一口檳榔，而在其後面還包含尊重、感謝，以及誠心誠意想交流的意義。因此，請別人吃檳榔的時候，他們會放在一個很漂亮的檳榔盒，讓對方感受到他的誠意。

目前在越南吃檳榔的人數越來越少，一般只有 80 歲的人才常常吃，因此邀請別人吃檳榔的習俗不如之前那麼流行。不過，檳榔仍是越南生活中的重要用品，特別是在婚禮和一些民間信仰的祭祀儀式。該問題下我會在下面進一步具體地討論。

（二）愛情的象徵、婚禮不可或缺的禮品

我們知道，習俗與神話傳說二者相存相依，若其中之一缺少，就會有許多變化產生。通常神話傳說會反映習俗的本質，其主要目的是在宣揚習俗的特色，同時也有將其發揚光大的用意，使它能夠世世代代延續下去。神話傳說離不開習俗的真實面，是習俗的理論，也是習俗的靈魂。因此，神話傳說影響人民的生活越深，相關的習俗就越能廣泛流傳。

越南吃檳榔習俗亦屬於類似情況，越南人將檳榔視為愛情的象徵似乎源自於這種傳說，男女相愛時總是以檳榔表達情意，因此當一個男孩喜歡一個女孩時會請她吃檳榔。或許最初源自於社會交際上請檳榔的習俗，後來演變為男女互相表白的含意。通過請吃檳榔，可以知道對方的心意如何，如果對方欣然接受，就表示他（她）喜歡她（他）；但如拒絕或勉強接受而將檳榔擱置，就表示對對方沒有感情。

在台灣也有類似的習俗流傳著，「檳榔更是達悟少男少女之間的傳情之物。男子將少女所贈之檳榔切開，並且加了白灰和荖藤，表示他的愛慕之意，如果來電，就會開心的享受愛的檳榔。少男如果在夢中見到所認識的女孩種植檳榔和荖藤，表示和她有緣，可以向該女子求婚。」〔註43〕

〔註43〕王蜀桂：《台灣檳榔四季青》，台灣常民文化學會，1999 年，頁 190。

　　至今，除了神話傳說的資料之外，還有很多歌謠的資料都記載男女以檳榔為愛情的象徵。其中這些歌謠的內容主要記載了男女戀愛之語。可以說檳榔文化是亞洲的一些部族文化特殊，同時這種文化也形成越南一種頗具特色的文化。檳榔被視為傳情之物，男女以檳榔向心儀對象表白其心意。檳榔不只是日常必需品，也已是愛情的代表，能融入生活各個方面，加入詩歌當中，讓愛情更加浪漫。

　　在越南，不論男女，都可以用檳榔表達感情。不過，為了避免因為拒絕過於直接，讓對方傷心，所以常婉轉地告訴對方：

　　　　趁此機會請你吃一口檳榔，

　　　　不吃就拿著，讓我開心。

如上所述，請吃檳榔是越南普遍的習俗，讓主客雙方都很開心，對彼此的好印象日益增加。但在愛情方面則不同，檳榔是表達愛意之物。接受對方的檳榔，就表示答應對方的請求，是願意跟對方結婚的行為。因此，除非男女雙方已有感情存在，通常不會隨便接受別人的檳榔。有時，為了了解對方的心思，是否對自己有意，或者讓對方說明他請檳榔背後的真正用意是什麼，女方會問：

　　　　檳榔重如鉛，

　　　　吃了後，我如何報答你？

聽女孩這樣說，男孩趁這個機會馬上回答說：

　　　　檳榔沒有多貴，

　　　　只希望東柳西桃能相逢。

或者，為了向對方表示愛意，也可以向對方要一口檳榔，然而這就直接言明其心意。

　　　　若你送我一口檳榔，

　　　　日後我會還你兩盤。

這裡的「日後我會還你兩盤」，表示日後他會帶檳榔及聘禮來向她求婚。在越南，當男女被請吃檳榔，通常大多數的人都會接受，若真的有意，會馬上吃那口檳榔。但如果對送禮者沒有感情的話，他（她）不會吃下去。因此，越南人常說：「收而不吃的檳榔，是捨棄的檳榔。」其意思是，如果有接受而不吃，就表示對方不答應的意思。

　　由於現在嚼檳榔的習俗不像以前那麼普遍，尤其是年輕男女之間，因此

檳榔已不是傳情之物，但仍為結婚必備的聘禮。在把檳榔當作聘禮之前，越南人以鹽巴為聘禮。可能當時因為民間神話傳說的影響，和吃檳榔文化已是生活中很重要的文化，因而檳榔成為婚禮上重要的聘禮之一。

　　用在訂婚、婚禮上的檳榔一定要一整掛，蔞葉要原片，將其放在盤子或盒子裡（參圖）。然後加以裝飾，配上其他禮物一起帶到女方家裡。當女方收下禮物之後，一定要拿其中一部分還給男方（這種稱為還禮），然後將這些檳榔和其他禮品拿去贈送親朋好友。檳榔數量多寡可應女方的要求，而有時是女方讓男方自行決定。（參圖9）

圖9　婚禮禮品〔註44〕

（三）檳榔與信仰

　　在越南檳榔用在信仰儀式主要在兩個方面：其一，祭祀祖先、神靈、鬼魂；其次，占卜（算命）。越南早已用檳榔為祭品，在寺廟每初一、十五都將檳榔拜佛、祭祀神靈，或祖先的忌日都不能缺少檳榔。

　　至今沒有任何書籍記載為何越南人以檳榔為祭品。也許這種習慣起源於「檳榔是寒暄的開始」的觀念，以及吃檳榔的習俗。如上所述，越南人在社會交際生活，檳榔本來是已經成為人與人交流的橋樑，若想請別人幫忙，一定要先送給他們檳榔，因此，以檳榔為祭品，一方面是討好神靈、祖先，一方面他們認為，佛、神靈，鬼魂，祖先跟人一樣也要吃檳榔，檳榔對佛、神靈，

〔註44〕裴光雄攝於 2011 年 1 月。

祖先亦是不能缺少的佳品。

　　在越南選檳榔做祭品的時候，會很仔細地選著，蔞葉必要很新鮮，不能有破損，檳榔果要圓圓的，不能有傷疤。數量必要是單數，檳榔與蔞葉數量不一定要一樣，通常檳榔可以少，蔞葉可以多。祭祀時，不可以直接放在祭台，要放在小盤子（圖 10）。祭祀好後可以吃，或送給朋友或信徒，他們收到會很高興。

　　過去，檳榔被賣在傳統市場，甚至有時還有人專門將檳榔還到各村莊或城市賣，特別是小孩，這種習俗也被 Henri Oger 在其《安南人的技術》刻畫得很清楚（參圖 11）。

圖 10　除夕拜祖先〔註45〕　　　　　圖 11　小孩賣檳榔〔註46〕

　　至今，因為吃檳榔的人越來越少，因此，檳榔賣在傳統市場較少，沒有專賣檳榔小攤，檳榔被配與其他東西賣在雜貨店，主要服務信徒以祭拜神靈。這種情況也被王蜀桂在《台灣檳榔四季青》一書中討論：

　　　　檳榔在這種店出現的理由是，菁仔是祭祀品之一，有神明只要菁仔
　　　　就可以，有的神明要帶乾根的菁仔（像有尾巴），還有的神，需用四、

〔註45〕Henri Oger：《安南人的技術》（Technique du peuple Annamite = Mechanics and crafts of the Annamites），世界出版社 2009 年，頁 264。

〔註46〕Henri Oger：《安南人的技術》（Technique du peuple Annamite = Mechanics and crafts of the Annamites），世界出版社，2009 年，頁。

五根的檳榔花祭拜。〔註47〕

雖然王蜀桂已經很詳細的討論越南祭祀檳榔，但是他的觀點有些必要說明，其一，越南人祭祀神靈時，不管任何神靈，都要祭祀檳榔及蔞葉兩種，不可以只單獨用檳榔果祭祀神靈或祖先。至於「有的神明要帶乾根的菁仔（像有尾巴），還有的神，需用四、五根的檳榔花祭拜」的問題，是沒有根據的。在越南，很少用檳榔花或帶乾根的菁仔祭祀，除非不是產季找不到檳榔的話，才使用檳榔花或檳榔乾，至於越南人祭祀時，喜歡用有鬚檳榔，是因為越南人很著重外表，有鬚檳榔是被視為漂亮的，因此他們喜歡選有鬚檳榔祭祀神靈。

在台灣以檳榔為祭品的習俗，也很普遍。但是，台灣祭祀檳榔跟越南有幾個不同。其一，台灣祭祀檳榔都已配好，其次，數量不一定整數還是單數；其三，祭祀檳榔不一定放在小盤子，可以直接放在神台前面。

至於越南以檳榔為占卜、算命的用途。通常信徒來到巫婆家請他幫忙算命，大多從家裡帶來一顆檳榔或一片蔞葉，巫婆舉辦祭神儀式之後，將檳榔切成兩片，接著仔細的看，從而談起信徒家裡事情，或信徒所要問的問題。如果以蔞葉算命的話，就不用切。此外，越南人還相信檳榔汁可以辟邪，尤其是對嬰兒。若父母帶嬰兒去玩，他們會吃一口檳榔，然後將檳榔汁塗在嬰兒額頭上，目的是避免路上的惡鬼傷害嬰兒。

〔註47〕王蜀桂，《台灣檳榔四季青》，台北市：台灣常民文化學會，1999 年，頁 206。

第五章　越南雄王祭祀信仰

　　雄王祭祀信仰被視為越南古老的習俗，該習俗起源於雄王神話傳說，初期雄王以一個地方神靈被供奉。自從越南史家將雄王傳說納入史書後，雄王祭祀信仰即成為新一個面貌，越南人視其為第一國祖。在越南人思維中，祭祀雄王不是祭祀神靈，而是像傳統的祭祀祖先一樣。從十五世紀之後，越南封建社會特別注重這種習俗，尤其在越南阮朝的時候，不僅把雄王祭祀列為全國性祭祀，同時雄王廟也在此時拓展到各個地方，尤其是越南中、南部地區。越南解放之後，該習俗再次被視為國家級祭祀儀式。越南政府於西元 2007年把雄王廟會訂於三月十號（陰曆），頒布這天為越南的國定節日，同時把雄王廟列為國家級古蹟，使雄王祭祀信仰更加廣泛地流傳。

第一節　越南雄王祭祀信仰及其發展演變過程

　　越南祭祀的雄王廟在地理上分佈很廣，幾乎全國每個省都有雄王廟〔註1〕。從地理角度而言，雄王廟所在位置可分為北、中、南三個區域。其中福壽省被認為是雄王祭祀習俗的發源地，同時也是聚集最多雄王廟的地方。其他地方，似乎距離福壽省越遠，雄王廟也越晚出現，甚至有的地方到 21 世紀初才建造雄王廟。

　　越南雄王廟初期是由福壽省當地人民合力建造，後來得到政府的支持，祭祀雄王變成祭祀國祖之後，其信仰也就日益擴大。為了方便，或是由於政治目的，在封建社會時代，建造出大量的雄王廟。比較晚興建的雄王廟，跟

〔註 1〕目前還沒有一個準確的統計數字說明越南境內總共有多少座雄王廟。

福壽省原來的母廟不同，僅單純供祭祀之用，因其本身不曾出現於雄王神話傳說當中。導致這些地方雄王廟的配祭神跟福壽省雄王廟的不一樣，大多會加上一些較晚出現的歷史人物。廟宇建築風格，以及舉辦雄王祭祀儀式、祭品到文化活動都跟福壽省雄王廟的有很大的區別。

由於越南發展過程是由北往南延伸，所以雄王廟也跟著往南開拓。因此我們可以將越南雄王廟發展史歸納如下：第一階段是從福壽省擴張到北越各省，第二階段為中越，第三階段才是南越。（參圖 12）

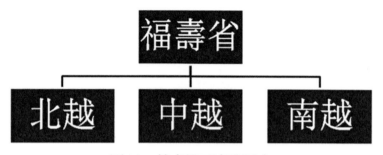

圖 12　越南雄王廟發展史

一、越南北部的雄王廟

福壽省地處越南的北部，此地是雄王神話傳說的發源地，同時也是雄王祭祀習俗的發跡地。因此綜觀雄王祭祀信仰發展的歷史，初期該習俗跟著神話傳說往北方各省散播，北方雄王祭祀信仰逐漸融合成一體。目前越南雄王廟全國分佈的情形，北方的數量較多，其中以福壽省地區雄王廟之密度為最。

由於福壽省是雄王祭祀信仰的發源地，在福壽省義嶺山的雄王廟可視為「雄王祭祀中心」或稱為「母廟」；其他附近各地的雄王廟被視為「受影響地區」，或稱為「子廟」，例如：富壽省後來加上建築的雄王廟、南定省、太平省、太原省等。這些子廟和母廟之間關係的連結不僅是同為祭祀雄王的地方，另有先後傳播的時間關係。初期由於越南邊界只到義安省，雄王祭祀信仰也就只能從福壽省發展到此範圍而已。這些廟宇之所以得以傳播的源由可分為三種，第一是雄王祭祀信仰跟著其神話傳說傳到他鄉之後，得到當地人民接受，成為當地新一種文化。第二是，由於福壽省人移民到他鄉，想念自己的故鄉，故而立廟奉祀，久而久之也成為當地的新文化。最後有些地方的雄王廟則是由官方下令建造的。

　　富壽省義嶺山的雄王廟系統包括上廟、中廟、下廟、雄王陵墓、井廟和山門。其中每個地方都有屬於它自己的故事和由來。例如：上廟在於義嶺山的山頂，是雄王來祭天地之處。中廟是雄王與其手下討論國家大事之處。下廟是嫗姬生百卵之地。井廟是祭祀雄王第十八世的兩位公主。雄王陵墓是雄王第六世的墳墓。（參圖 13）

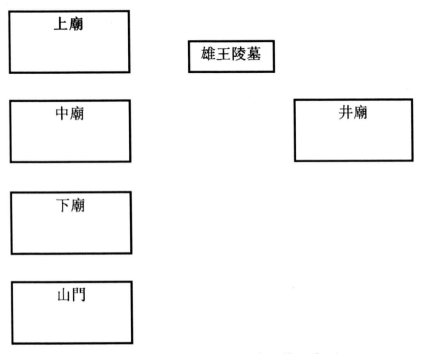

圖 13　福壽省義嶺山雄王廟分佈示意圖

（一）上廟

　　上廟亦稱「敬天嶺殿」。上廟居於義嶺山上最高的處。相傳，該地方是諸位雄王祭天地及進行農業祭祀儀式以祈求風調雨順民康物盛之地。據該廟廟公於西元 2011 年所述，初期此廟是用泥土所建，後來才改以磚頭建造。目前還沒有任何資料說明該廟究竟是何時所建成，但是根據目前在此廟所找到的遺物，考古學者推論，這些遺物是陳朝的遺物，顯然該廟至少在陳朝時就已經存在。根據該廟的碑文記載，上廟已經歷過多次整修，而每次重修都儘量維持原來的建築風格。

　　從建築結構上來看，上廟共有三個部分，設計為「王」字形。最前面是義門；中間為前祭堂；最後是後宮。（參圖 14）

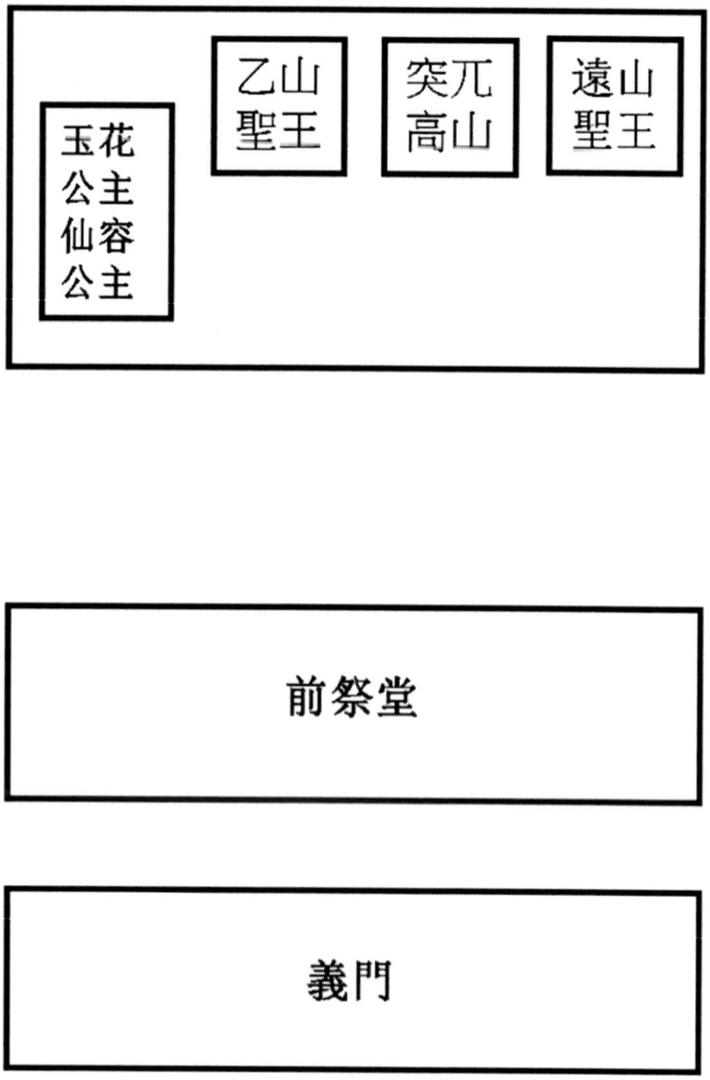

圖 14　上廟結構示意圖

義門上有兩副對聯：

1. 過故國，盼瀘，洮，依然碧浪紅濤，襟帶雙流迴白鶴，
   登新亭，拜陵寢，猶是神州赤縣，山河四面控朱鳶。[註2]
2. 蔥蔥蔚蔚，中有陵焉，寢焉，龍父仙母之情靈，啟佑後人罔缺
   古古今今，見此山也，水也，聖祖神尊之創造，於戲前人不忘。

上面又寫：南越肇祖（參圖15）

[註2] 由河東總督黃仲數拜題。

圖 15 上廟義門〔註3〕

　　上殿共有四個供桌，其中主祭共有三個供桌，陪祭的供桌排在廟中的右側。根據筆者的觀察，這四個供桌的擺設跟越南傳統祭祀祖先的供桌一樣，前面是香爐後面是牌位。牌位上沒有文字，牌位前面有一個牌子上面用越南文寫著：峻屹高山、遠山聖王、乙山聖王。根據南定省雄王玉譜中記載，中位供桌是「峻屹高山顯靈統始奠安弘濟普化明肅厚應廣惠威感衍德盛功聖王」；左側牌位是「遠山聖王」；右側牌位是「乙山聖王」。

右位　　　　　　　　　中位　　　　　　　　　左位

圖 16 雄王上殿中間的神壇〔註4〕

〔註3〕裴光雄，攝於 2011 年 12 月。
〔註4〕裴光雄，攝於 2011 年 12 月。

—93—

　　雄王供桌的擺設不是沒有理由的，越南人本來視雄王為國祖，祭祀雄王是祭祀越南始祖，而不是祭祀神明，因此供桌不可以擺設得像祭祀神明一樣，也就是不可以把雄王神像擺放在供桌上面，這是越南祭祀神明信仰和祭祀祖先信仰的差異。

　　問題是，在十八雄王時代當中為何越南人只有三個供桌祭祀三位雄王？其他雄王為何沒有？是否因為時間流傳久遠的原因，導致很多雄王供桌已消失或是有什麼理由讓越南人只有奉祀三位雄王呢？但是，按照越南南定省玉譜就可以證明越南人只有奉祀三位雄王而已。（參圖 17）

　　根據南定雄王玉譜中所記載上殿中位使用的神號，就跟義崗社永慶二年十二月初十日（1730 年）敕封相同。（參圖 18）

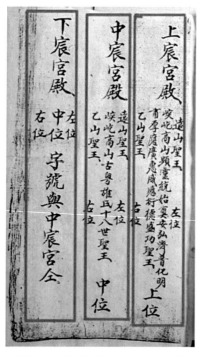 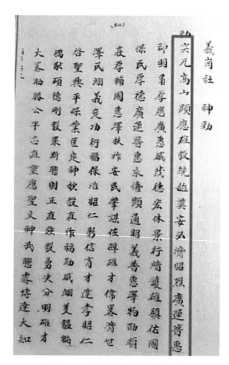

圖 17　雄王（上、中、下）殿中的佈置　　　　圖 18　義崗社永慶二年十二月初十日敕封（1730 年）

　　第四個神台沒有牌位，置於左手邊的山牆，祭祀雄王第十八代的仙容公主和玉花公主。該神台比較簡單，上面只有一個靈位，周圍沒有對聯或橫批。這種祭祀代表這位神靈不是廟中的主祭，同時表示這位神靈較廟中主祭神的地位小。（參圖 19）

圖 19 仙容公主和玉花公主〔註5〕

後宮中共有五幅對聯：

1. 此地此山南國紀，
   吾王吾祖北哀尊。

2. 神聖啟炎邦，至今地不改闢，民不改聚；
   焭高奉清廟，是謂木之有本，水之有源。

3. 鴻貉故基存，疊嶂層巒群水合；
   帝王靈氣在，號風怒雨一峰高。

4. 天書定分，正統肇明都，百粵山河知有祖；
   光岳協靈，故宮成崒廟，三江襟帶尚朝尊。

5. 啟我南郊，鴻貉千秋尊帝國，
   顯丁兩土，傘瀘一帶壽親祠。

匾共有四幅：

1. 南國山河

2. 殿厥初生民

3. 肇基王跡

4. 子孫保之

〔註5〕裴光雄，攝於 2011 年 12 月。

5. 雄王祖廟

6. 攻配乾坤

7. 得昭日月

該廟屬於古跡社奉祀。傳說在雄王時代，住在上廟附近的各個村莊都認為上廟屬於自己的領地，因此爭執不斷，後來雄王說：

今晚三更我先聽到哪個地方的雞鳴狗叫，該廟將屬於那個村莊。當天晚上，古跡社派人將狗、雞帶來義嶺山山腳下紮營，未到三更便點火使雞以為天亮而鳴叫，後來派人跑來跑去，也讓狗叫。第二天早上，雄王說：「昨晚我先聽到古跡社的雞鳴和狗叫聲，因此上廟屬於古跡社負責奉祀。」〔註6〕

上廟的前面另外有誓石柱，該石柱與雄王滅亡傳說有關。據說，雄王傳位給安陽王之後，安陽王為了感激雄王的恩德，立誓石柱，發誓日後世世代代都奉祀雄王。（參圖20）

圖20　上廟的誓石柱〔註7〕

在上廟旁邊還有一個雄王的墳墓，傳說這是雄王第六世的墳墓，本來只是一個土墓，後來是西元2000年以水泥加蓋的。（參圖21）

〔註6〕據筆者於2011年採訪上廟廟公所述。

〔註7〕裴光雄，攝於2011年12月。

圖 21　雄王陵墓〔註 8〕

雄王陵墓的對聯：

1. 矞矞皇皇，配天其澤，帝而詛，
　　蔥蔥蔚蔚，得帝之靈，山亦雄。

2. 維祖國精神，弌十八傳根本地，
　　考故都名勝，幾千古載帝王陵。

3. 陵寢自何年，傘山洮江，山河猶存歸祖地；
　　文明從今起，鴻子貉孫，後人尚知記先豕。〔註 9〕

匾：雄王陵

（二）中廟

　　中廟稱為「雄王祖廟」，屬古跡村管理。中廟位居於上廟和下廟的中間，這座廟大約建立於西元十四世紀，十五世紀當中國明朝侵略越南的時候，中廟曾受明軍燒毀，後來當地人民和官方一同重建，到了十八世紀，再次被阮朝重建。中廟本來只有後宮建築為一字形，後來到西元 2009 年再加蓋前祭堂成為目前的二字形。（參圖 22）

〔註 8〕裴光雄，攝於 2011 年 12 月。
〔註 9〕從喃字譯成中文。

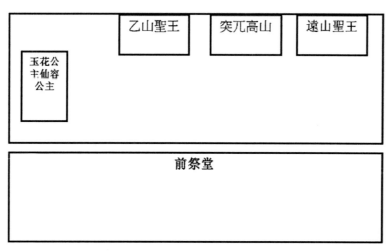

圖22　中廟結構示意圖

中殿擺設跟上殿一樣，廟中有四個供桌，其中三個供桌祭祀三位雄王排在中間，右側靠山牆祭祀兩位公主。供桌上面擺設方式跟上殿一樣，只有香爐和牌位。牌位下方也用越南語記載：左邊是：遠山聖王，中間是：嵻屹高山；右邊是：乙山聖王。不過，按照南定省的玉譜記載中，和中殿的中位供桌祭祀對象的神號有點差異。雖然開頭也有「嵻屹高山」但是後面的神號就不同。南定省雄王玉譜記載：

中宸　宮殿

遠山聖王　　左位

嵻屹高山古粵雄氏十八世聖王　　中位

乙山聖王　　右位

根據以上上殿和中殿的中位祭祀神號差異就是：上殿中位是「嵻屹高山顯靈統始奠安弘濟普化明肅厚應廣惠威感衍德盛功」，而中殿中位是：「嵻屹高山古粵雄氏十八世」。根據南定省玉譜所記載中殿中位神號「古粵雄氏十八世」的神號，就跟根據義崗社敕封（昭統元年三月二十二日）相同。（參圖23）

根據雄王廟目前保存的資料「古粵雄氏十八世」就是「雄王聖祖大南天大前皇帝開國洪圖嵻屹高山古粵雄氏一十八世聖王雄曦王神宗

圖23　義崗社
昭統元年三月二十二日
敕封（1786年）

恩深皇帝」。資料中記載雄王十八代的神號如下：

雄王聖祖南天大寶前皇帝宮　廟殿

帝明王高高皇太祖皇帝

雄陽　王高皇　太祖大寶德宗皇帝

雄王聖祖南天大寶德宗聖王

雄賢王高皇太祖國宗光興皇帝

雄王大寶高皇太祖前皇帝開國洪圖南朝上聖前代帝王聖王

雄王上聖宗元朝皇帝

雄王聖祖大南天大前皇帝開國洪圖嵲屹高山古粵雄氏一十八世聖

王雄曦王神宗恩深皇帝

雄王遠山聖王恩澤普惠聖王

雄曦王高宗助勝皇帝

雄王乙山聖王助勝公平皇帝

雄暉王寶宗明王皇帝

雄王百粵神靈南天大寶仁圖明王聖王

雄暉王太宗仁明皇帝

雄王顯德仁王光天普化聖王

雄暐王顯宗睿智皇帝

雄王聖文神武睿智至德聖王

雄昭王明宗神功皇帝

雄王楊　龍曦嶺神功勇略聖王

雄王雄宗春王皇帝

雄王雄德昭仁光孝春王聖王

雄禎　王德宗明寶皇帝

雄王顯烈　聖智昭融明寶皇帝

雄越王黃宗上覺皇帝

雄王皇上大覺神智聖王

雄武王輝宗光福皇帝

雄王天心光福玉祖靈應聖王

雄定王王宗國寶皇帝

雄國寶宣德神功上智聖王

雄朝王宗光德皇帝

雄王昭光德神智大元聖王

雄寧王敬宗天寶先 朝皇帝

雄王聖祖南天大寶先朝聖

雄毅王瑞 宗南朝皇帝

雄王皇寶聖祖仁弘惠德聖王

雄璿 王天宗明王皇帝

雄王神靈海德明王南朝聖王

若把此份資料跟南定省資料所記載雄王十八代神號就沒兩樣。可惜，南定省的資料前面一頁已遺失，目前只有從乙山聖王開始而已，沒有前面的嶔屹高山和遠山聖王的資料，因此無法將南定省玉譜於雄王廟的資料對照看到底兩個版本的差異於何處。（參圖24）

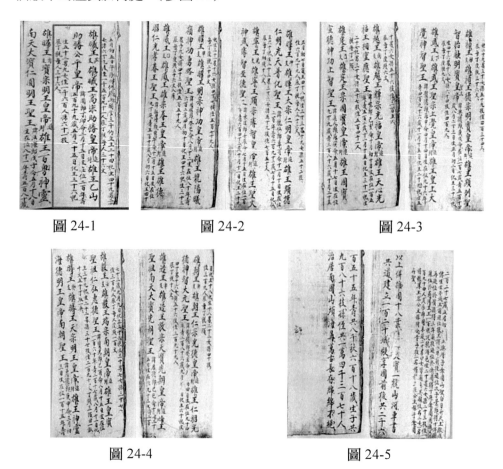

圖24-1　　　　　圖24-2　　　　　圖24-3

圖24-4　　　　　圖24-5

　　中殿祭堂前面排著幾塊石頭，相傳雄王與其部屬在此地討論國家大事（參圖 25、26）因此現在他們把幾塊磚石放在前祭堂的院子裡，代表雄王與其部屬討論的模型。此外，在傳說中，中殿也跟蒸餅傳說的起源有關，當年郎僚於中殿贈送雄王蒸餅而得到繼承雄王之位的機會。因此，現在的人若想求職求財都會前來中殿祈禱。

圖 25　中殿的前祭堂〔註 10〕

圖 26　中廟的後宮〔註 11〕

〔註 10〕裴光雄，攝於 2011 年 12 月。
〔註 11〕裴光雄，攝於 2011 年 12 月。

匾：

1. 妙化四方
2. 文德武功
3. 寰宇清平

（三）下廟

下殿建於後黎時期（西元十七至十八世紀），由圍崗村和兆村共同建設。傳說以前下殿居於禪光寺的前面（前神後佛），後來才移到現在的位置。更相傳下殿為嫗姬生百卵之地，因此想求子的人都會前來這裡祈禱。根據筆者於西元 2011 年的考察，廟祝說，在他管理雄王廟的一年期間內，前來下殿求子和還願的人為數眾多。幾乎曾來求子的人，在喜得孩子之後都來這裡請他幫忙準備供品還願以示感謝。

該殿建築呈二字形前面是前祭堂，後面是後宮。早期只有後宮，後來才蓋前祭堂。下殿後宮中佈置跟中殿一樣，殿中也有四個供桌。在每個供桌的牌位下方都用越南語記載祭祀的雄王神號，左邊是遠山聖王，中間是峻屹高山，右邊是乙山聖王。按照南定省玉譜記載，下殿中位神號跟中殿一樣，即是「峻屹高山古粵雄氏十八世聖王」。

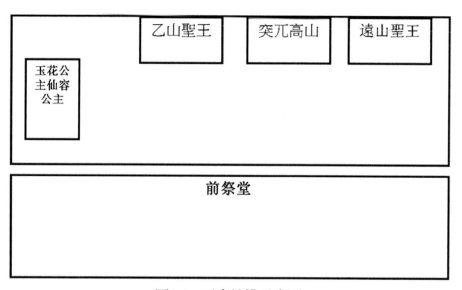

圖 27 下廟結構示意圖

圖 28　下廟的前祭堂〔註 12〕

圖 29　下廟的後宮〔註 13〕

（四）井廟

　　井廟是祭祀雄王十八代的玉花公主和仙容公主之處。傳說此地為兩位公主經常梳髮洗浴之處，目前廟中仍保存一個深兩百公分的玉井，整年都有水

〔註 12〕裴光雄，攝於 2011 年 12 月。
〔註 13〕裴光雄，攝於 2011 年 12 月。

流通。據說此井的水能治百病，因此來這裡拜拜的信徒還會買一小瓶來喝。
（參圖 30、31、32）

圖 30　井廟〔註 14〕

圖 31　玉花公主與仙容公主〔註 15〕

〔註14〕裴光雄，攝於 2011 年 12 月。
〔註15〕裴光雄，攝於 2011 年 12 月。

圖 32　井廟中的玉井〔註16〕

（五）山門

山門建立於阮朝啟定二年（西元 1917 年），其上面有兩幅對聯：

1. 拓始開基，四顧山河歸版籍；
   登高望遠，群峰羅列似兒孫。
2. 登者係遐思，萬古江山締造始，
   佳哉猶旺氣，千年城郭蔚葱間。

中間有一幅匾：高山景行

　　在富壽省義嶺山的上殿、中殿、下殿和井廟，只有上殿、中殿、下殿是專門祭祀雄王之處，井廟是祭祀兩位公主的地方。從結構而言，三座殿（上、中、下）的佈置方式相似，在後宮都佈置三台祭祀雄王，左手邊祭祀兩位公主。至今為何雄王中殿和雄王下殿中的中位牌位神號跟上殿會不一樣的原因仍是一個很難解釋的問題。此外，為何雄王神號中有「山」的文字，如高山、遠山、乙山的神號？該問題目前也是一個爭論的問題。阮志斌、裴光清在其著作《雄王祭祀信仰》中，經過參考雄王神號之後，認為雄王祭祀信仰的起源跟山神祭祀信仰有密切的關係〔註17〕。但是也有些學者反對這個意

〔註16〕裴光雄，攝於 2011 年 12 月。
〔註17〕阮志斌、裴光清，《雄王祭祀信仰》，文化通訊出版社，2012 年，頁 26。

見，他們認為雄王祭祀信仰跟山神祭祀信仰完全無關。實際上，當筆者到雄王廟考察的時候，三位廟公都認為只有中殿是祭祀雄王，其他兩邊遠山聖王和乙山聖王就是兩位山神。但經過考察資料的時候，發現這三個供桌是祭祀三位雄王。

圖 33　山門〔註 18〕

二、子廟

雄王祭祀信仰形成之後，它很快就得到越南人的接受，特別是十四世紀時候，越南封建政府故意提高雄王地位，把雄王從一個民間傳說中的國王變成越南的國祖，使他在越南社會站了崇高的地位。

雄王祭祀信仰發展過程比較特殊，他跟著越南國土由北往南的發展。至今，雄王祭祀信仰似乎遍布越南全國，每個省都有雄王廟。從地理角度而言，雄王廟可以分為北部、中部和南部。從發展歷史時間而言，可以分為三個階段：十四至十七世紀，十八至二十世紀，二十世紀至今。

從十四世紀到十七世紀，雄王廟發展主要在越南北部地區，例如：南定省、太原省、北江省等等，在此階段隨著雄王廟的發展，和祭祀雄王時代相關的人物都跟著發展得很廣泛，例如傘圓、扶董天王和其他相關的忠臣，特

〔註 18〕裴光雄，攝於 2011 年 12 月。

別在富壽省、北江省、河內、太原省、安拜省等地區，使雄王祭祀信仰不僅單獨祭祀雄王，還成為包含有關雄王時代英雄人物的祭祀系統，雄王祭祀信仰的廣度和流傳度也都因而提升。

在此階段，雄王廟（子廟）大多都是福壽省人民遷移他鄉，為了紀念故鄉而一起建立的，例如在南定省〔註19〕、太原省、安拜省等地的子廟。後來經過長久時間的流傳，這些廟自然而然也就成為越南古老的雄王廟。由於其來源跟福壽省的雄王廟不同，因此這些雄王廟本身沒有任何活動或習俗跟雄王時代有關，每年廟會活動，除了祭祀雄王儀式之外，任何活動基本都以當地傳統文化為主。

就祭祀對象而言，這些雄王廟跟母廟亦有差別，雖然子廟中主要祭祀的對象一樣是雄王，但其他的如兩位公主就沒有被祭祀。由此可知，此段時間越南人對於祭祀雄王已經發生明顯的變化，由於當時雄王祭祀信仰被越南封建社會歷史化神話傳說影響的原因，雄王在越南人思維中有了崇高的地位，因此當時祭祀對象只著重到雄王而已，而祭祀雄王是比照祭祀祖先的方式辦理，並非以祭祀一位神話中神靈的方式。所以，當時這些雄王廟中所奉祀的對象完全沒有神靈的要素，它只存在血統的要素（祭祀祖先的方式）。因此，在這些廟宇中，除了雄王之外，任何人物被祭祀在母廟，都不包含在雄王廟中所應奉祀的對象。

在第二階段十八至二十世紀間，雄王廟發展比較特殊，它除了向外發展到越南中部區域，且在富壽省發源地區也仍繼續發展。在此階段，大多雄王廟都是由當時越南官方政府建造的。例如在十八世紀，微村和兆村被建造的原因是，當時上雄王廟的道路不如今日方便，為了給當地人民和官方方便在每月初一十五到雄王廟上香，當地官僚遂確定在村中建造雄王廟（參圖34）。

〔註19〕（南定省南直縣雲劬社雲瞿廟）還有另一個傳說，該廟很早以前有一位雄王第十八世的駱將建造的。傳說，南定省雄王廟由雄王的一位駱將當雄王被蜀王打敗之後，逃跑到南定省，後來為了紀念雄王，那位駱將立廟奉祀雄王。此廟最初不如現在的樣貌，初期是用泥土和竹子蓋的，後來到西元十三世紀左右改由木頭重建，此後經過多次整修，但仍保留原來的面貌。目前該廟還保留一道勅封（嗣德六年1853年封給雄貞王），一本於嘉隆元年（1802年）正月孟春吉日編寫的玉譜，由翰林學士國子監阮庭辰奉寫，於1893年重抄。

圖 34 兆村雄王廟廟會〔註20〕

　　富壽省兆村雄王廟除了使當地人民方便奉祀雄王之外，它本身也屬於雄王神話傳說流傳所相關的地區〔註21〕。或者，於十九世紀初阮朝政府也是為了可以方便祭祀雄王，他們在順化省建造「歷代帝王廟」。順化省歷代帝王廟，並非單純為祭祀雄王而設，它的祭祀範圍包含越南和中國上古神話傳說中的諸位明君〔註22〕。歷代帝王廟的這種祭祀除了血統因素的追尋，它還具

〔註20〕裴光雄攝於 2011 年 4 月 10 號舉行。

〔註21〕微村和兆村至今仍保存一些習俗跟雄王相關的典故，例如例如微村和兆村則有迎王回村過年和迎公主活動的習俗。相傳這些習俗從雄王時代流傳至今。因此，至今每年 12 月 25 號會舉辦迎回村過年，新年初 7 會舉辦送王回宮的活動。每年除夕微村和兆村一起舉辦呼哨的活動。每村準備十個人左右和一隻雞、一把火把。去的時候是安靜地去，到微村的香爐的時候，開始舉辦祭祀儀式，把雞頭往東方，然後兩村各分開往回自己村里回去。回程路上邊走邊呼哨。回到村廟的時候，把那隻雞殺為祭品。到了初四，就有捕獵豬翁活動。初六舉辦繞境從微村的東廟和兆村廟走到主廟（dinh ca）。當天晚上兩村一起舉辦 tung di 舞活動。這中活動是當地農業生活的文化。活動的時候，每村準備三個健壯的年輕人負責扛著一條扁擔，扁擔一頭有一把稻米，一頭有糯米飯，邊走邊呼哨三次，然後把稻米和糯米飯跑，參與活動的人會跟著他們搶。誰搶得多，那年整年發財。

〔註22〕「歷代帝王廟」居於神話省，現在已被損壞。歷代帝王廟為阮朝明命四年（西元 1823 年）在陽春社建造的。不過該廟的主祭並非雄王，當時阮朝建立該廟的目的是祭祀越南和中國歷史上的明君。例如：越南：
雄王時代：涇陽王、駱龍君、雄王。

有頗明顯的政治目的。阮朝官方透過將越南歷來的所有明君和中國上古神話傳說中人民崇拜的人物放在同一個廟宇奉祀，使得君主在人民心中的地位提高。

　　在第三階段二十世紀至今，雄王祭祀信仰的面貌又進入另一個階段，很多雄王廟出現於二十世紀中葉到二十世紀末，在二世紀初比較少，主要發展在越南中部和南部，其中大多都是由北方人遷移他鄉所建。例如越南中部的慶和省〔註23〕；南部的堅江省〔註24〕、同奈〔註25〕、邊和省、頭頓省等等。胡志明市是越南南部集中最多雄王廟的地方，目前至少有十幾座祭祀雄王廟。例如：第一郡的博物館中的雄王廟，和文化公園中的雄王廟、第九郡的雄王紀念館、第四郡雄王廟、第五郡、富潤郡等等。其中最早出現是胡志明市第一郡博物館中的雄王廟。該廟原來是法國殖民建築，為的是紀念充當法國軍隊死於二戰的越南人。後來 1954 年越南南方政府（越南解放之前）將它改成祭祀雄王、孔子、黎文悅之廟。顯然，當時越南南方政府已經著重於宗

　　屬漢：士燮

　　丁朝：丁先皇

　　先黎：黎大行

　　李朝：李太祖、李太宗、李仁宗

　　陳朝：陳太祖，陳聖宗、陳莊宗、陳英宗。

　　中國：伏羲、神農氏、黃帝、堯、舜等。

　　此外也有祭祀越南和中國其他的忠臣大將。

　　西元 1823 年完工之後，越南阮朝明命皇帝派人到福壽省，把雄王廟的雄王牌位帶回歷代帝王廟奉祀（一般來說，新蓋的廟宇大多會向歷史較久的廟索取一些香根，或香灰。也許因為是阮朝皇帝下的命令所以才可以將老廟的牌位帶回順化去）。

〔註23〕慶和省雄王廟比較晚出現，直到西元 1970 年才開始施工，1973 年完工。該廟的建築共有兩個部分：儀門與正廟。正門只在廟會時才開啟，副門每天都開，以便大家前來上香。儀門上刻「雄王國祖」和「Đền Hùng Vương」。該廟初期是由來自越南北部的民眾捐錢所蓋的，因此正廟頗具北方建築的風格。值得注意的是廟中神臺上除了雄王的牌位，還有雄王雕像。

〔註24〕堅江省雄王廟蓋於西元 1957 年，由住在堅江省的北方移民因懷念故鄉而一起捐錢建造的。廟中中間的神臺上只有雄王像，沒有雄王牌位。雖然該廟主要祭祀的是雄王，但是初期另外也有供奉著古玄七祖和陳興道。西元 1969 年之後，還加上祭祀胡志明。

〔註25〕同奈省雄王廟於西元 1968 年開始建造，至 1971 年完成，是由十四個移居南方的北方長老提出建議的。廟中除了祭祀雄王還祭祀胡主席，在廟前面神臺上為胡主席，後面是祭祀雄王，廟中上面中間有一幅匾額，上面刻：雄王國祖。

族意識，也跟越南北方一樣將雄王視為越南國祖，但當時此廟還不是單獨祭祀雄王之處。1975 年，越南解放之後，越南新政府再一次把它改成專門祭祀雄王廟的地方，此後成為胡志明市祭祀雄王主要之處。廟中有三座神台，中間的神台有三個牌位，中間是祭祀雄王的牌位，左邊祭祀駱侯駱將，右邊祭祀百粵族先。

中間的牌位記載：越南國祖仙帝雄王玉陛下

左邊牌位記載：越南良臣名將靈位

右邊牌位記載：越南百姓仙祖靈位

祭祀雄王神台前面有一座神台，兩邊有兩個瓶，左邊裝土、右邊裝水，瓶上記載土、水是由富壽省所贈（參圖 35）

圖 35　胡志明市博物館中的雄王廟 〔註 26〕

雖然從 2009 年胡志明市第九郡雄王紀念館建築好之後，該地方就不再是胡志明市所主要舉辦祭祀雄王的地方，代之是民族公園中的胡志明市第九郡的雄王紀念館（參圖 36）。胡志明市第九郡的雄王紀念館的特色是，裡面不僅祭祀雄王，還祭祀駱龍君、漚姬、駱侯、駱將以及安陽王、傘圓山聖、扶董天王、徵王。但是祭祀雄王仍是該地方的主要活動。

〔註 26〕裴光雄，攝於 2012 年 11 月 17 日。

圖36　胡志明市第九郡的雄王廟〔註27〕

　　顯然，在此段雄王祭祀信仰開始有了全新一層涵義，即是除了祭祀祖先之外，還多了一層飲水思源的意義。越南大部分的雄王廟，除了祭祀雄王之外，還會加上祭祀一些對國家有貢獻的英雄人物，例如：胡志明，其幾乎是在南方每個雄王廟都祭祀的神位。

第二節　富壽省雄王廟及越南其他地方雄王廟的差異

　　雄王廟分布遍及越南全國，為越南全國最大的祭祀信仰，越南境內幾乎沒有任何一位神靈可以在悠久的歷史演變中受到如此廣泛且大量民眾的崇拜。祭祀活動方面，自從阮朝規定每年陰曆三月十號為祭祀雄王的節日之後，越南全國所有的雄王廟每年在這一天都如期舉辦廟會。但如果詳細觀察，我們會發現，福壽省和越南其他地方的雄王廟廟會有明顯不同處，其中最顯著的有兩個問題：其一，廟中所出現配祭對象的差異；其二，祭祀儀式和文化活動的選擇。導致這個結果的主要原因是各地雄王廟和地方文化的融合，這個現象在較晚出現的雄王廟特別明顯。

一、祭祀對象

　　越南各地的雄王廟中，一般而言以雄王十八世為主祭對象，配祭為天神、

〔註27〕裴光雄，攝於 2012 年 11 月 17 日。

人神，或封建社會的君主，以及對國家有所貢獻的忠臣等。導致這個現象，跟各個雄王廟本身的起源有關。根據越南各地雄王廟的來歷，大致可歸類為以下三種：

其一，遷移。即以雄王為信仰核心的北方人（狹義上指福壽省人民）移居他鄉之後，因為懷念故鄉及表達飲水思源的想法，而一同在他鄉建造雄王廟。〔註28〕

其二，官方主導。即由政府主動建造的，例如：阮朝在十九世紀所建造的歷代帝王廟。此廟蓋好之後，阮朝還刻意將福壽省義嶺山雄王廟中的雄王牌位帶回歷代帝王廟中供奉，目的是為了讓阮朝皇帝和官僚們方便祭祀雄王。

其三，文化活動中心。有些地方建立雄王廟的目的與其他地方不同，雖然也是一年一度按規定舉辦雄王廟會以祭祀雄王，但其主要目的為吸引遊客前來參觀。例如：胡志明市的花蓮公園，邊和省的仙溪公園。

由於來源不同，越南各地雄王廟的祭祀對象便與母廟有許多不同之處。早期出現的雄王廟多半仍保留一些傳統的文化，而越晚出現的雄王廟改變則越大。根據越南各省雄王廟裡的配祭對象，可以分為以下幾種類型：

其一，主祭為雄王；配祭為胡志明和對國家有貢獻的人。例如：

同奈省：中間祭祀雄王和胡志明，左右為文官武官。

堅江省：主祭為雄王，配祭：胡志明、陳興道與古玄七祖。

平福省：主祭雄王；配祭為胡志明和英雄烈士。

金甌省：主祭雄王，左右兩邊祭祀文官、武官。

其二，主祭是中國各代神話裡的神靈；配祭為雄王和其他越南國王與英雄人物：

順化省：中間祭祀伏羲。左邊祭神農氏、堯、周文王；右邊祭黃帝、舜、商。

左間：祭祀越南前五位國王：涇陽王、駱龍君、雄王、士燮，丁先皇

右間：祭祀黎大行和李朝三位皇帝李太祖、李太宗、李仁宗

〔註28〕這種現象可以分為幾種情況，從地理角度來說，可以分為北、中、南三個地區。以時間角度而言，19世紀為轉捩點。19世紀以前主要是在北方的省份如太原省、南定省和安拜省。19世紀之後主要是在中、南部地區，例如：堅江省、頭頓、同奈省、平福省等。

左邊第二間：祭祀三位陳朝皇帝，陳太宗、陳仁宗、陳英宗

右邊第二間：祭祀黎朝四位皇帝黎太祖、黎太宗、黎莊宗和黎英宗

左右兩山牆祭祀中國與越南的將軍。〔註29〕

其三，主祭雄王

慶和省：祭祀雄王（廟中有雄王像）

其四，主祭雄王，配祭為其他人物：

胡志明市：雄王、孔子、黎文悅。

由此可知，在不同時代、不同地區的雄王廟會出現不同的配祭對象，尤其是建立時間越後期的雄王廟，其祭祀對象越複雜。如果仔細看我們會發現，除了歷代帝王廟外，其他雄王廟祭祀的對象大多是古代各朝的明君，或對國家有所貢獻的大臣。更值得注意的是，福壽省雄王廟中所祭祀的乙山聖王、遠山聖王和兩位公主在各地雄王廟裡完全沒有出現。

二、祭祀儀式和文化活動

越南其他雄王廟與母廟在祭祀和文化活動上最大的差異是，母廟會刻意呈現上古傳統以及跟雄王傳說相關的習俗，希望可以藉此呈現當時的社會生活。但在子廟，尤其離福壽省越遠的地方，存在的雄王傳說傳統文化也越少，取而代之的是當地文化，或者現代文化表演。

（一）母廟與重現傳統活動的狀況

這幾年來，福壽省雄王廟廟會的活動日益隆重。參與的人也為數不少，除了來自國內，還有從世界各國慕名而來的觀光客。在為期三天的廟會中，從祭祀儀式、祭品到文化表演，舉辦單位竭盡可能地呈現各種跟雄王傳說有關的傳統習俗，以期能夠充分展現越南上古社會的生活風情，讓廟會更加繁盛，並使廟會活動整體更具歷史紀念意義上的風味。但這點也導致了研究雄王祭祀信仰學者們的爭議，有些認為呈現這些活動是很有意義的，通過雄王廟會的表演，我們可以了解當時生活，以及保留的傳統文化。持相反意見的另一派學者則認為這些活動反而會讓傳統雄王祭祀信仰的樣貌產生變化。

從祭品方面來看，根據上廟的碑文（記號：18710）記載，阮朝祭祀雄王的祭品主要為三牲（包括牛肉、羊肉、豬肉和糯米），這些祭品由當地官員（舉

〔註29〕《大南一統志》，越南漢喃院館藏編號：A.853/1-8，頁33。

辦單位）負責準備。不過，現在每年舉辦的雄王廟會，其祭品除了三牲以外，也還把蒸餅和薄搗餅當作祭品。蒸餅和薄搗餅會成為雄王祭祀中必備之物，是由於蒸餅跟雄王的傳說有關，在越南人思維中，蒸餅和薄搗餅代表子孫對父母、祖先的感謝之恩，因此祭祀雄王一定要有蒸餅和薄搗餅。（請參考第四章：雄王與越南傳統風俗）

至於廟會其他各種活動，如繞境活動，目前沒有任何相關文獻資料記載舊時傳統廟會活動的面貌究竟是如何，只留下民間傳說。傳說阮朝的時候，雄王廟會也舉辦繞境活動（參圖37），後來二十世紀中葉由於戰爭的原因而消失一段時間。直到西元 1954 年，越南北方解放之後，該活動才得以重現。

圖37　西元 1905 年雄王廟會〔註 30〕

今日，繞境已成為一種很熱鬧的活動。參加繞境的團體都出自於住在福壽省雄王廟附近的村落，一個團體代表一個村落。祭品也依照各地有關雄王神話傳說的祭品做準備。（參圖 38）

〔註30〕黎像、范黃鶯（Lê Tượng、Phạm Hoàng Oanh）:《雄王廟——國家歷史文化特色遺產》（Đền Hùng di tích lịch sử văn hóa đặc biệt quốc gia），文化通訊出版社，2010 年，頁 210。

圖38　雄王廟會繞境活動〔註31〕

　　另外，每年廟會的時候有很多跟雄王神話傳說有關的習俗，都會於雄王廟會中一一展現。例如表演春歌、舂米、敲青鼓、包蒸餅、搗薄餅等（參圖39、40、41）。

圖39　包蒸餅〔註32〕

圖40　敲銅鼓〔註33〕　　　　圖41　表演春歌〔註34〕

〔註31〕裴光雄，攝於2011年4月10號雄王廟會。
〔註32〕裴光雄，攝於2011年4月10號雄王廟會。
〔註33〕裴光雄，攝於2011年4月10號雄王廟會。
〔註34〕裴光雄，攝於2011年4月10號雄王廟會。

　　由於這些活動呈現了越南雄王時代的主要生活，因此被視為廟會重要的活動。由於目前沒有任何文獻記載有關封建時代所舉辦的雄王廟會活動究竟包含哪些，因此我們難以確定這些活動是否就是當年實質的活動內容。而越南傳統的廟會，除了祭祀儀式之外，還有繞境，或一些傳統活動及遊戲，目的為了吸引前來參加的民眾，讓廟會更加熱鬧。

（二）子廟與當地化現象

　　我們知道，文化必須得到人民的信奉才有辦法源遠流傳，當文化傳到他鄉的時候，為了得到當地民眾的認可，多半會融入當地的生活方式從而蛻變為當地的一種新文化。這理論對越南的雄王祭祀信仰也不例外，當雄王祭祀信仰傳到越南其它地方時，受當地文化的影響，導致其祭祀和廟會活動內容的呈現和母廟產生了極大的差異，尤其是離福壽省雄王廟越遠的地方展現的差異性也就越大。

　　祭祀儀式方面，雖然各地方幾乎都舉辦祭祀儀式和繞境活動，但大部分這些活動卻沒有母廟隆重。然而其中重點是，母廟的廟會活動都會表演與雄王神話傳說有關的習俗或福壽省上古的傳統風俗。但子廟大都以當地文化表演為主。在福壽省雄王廟附近的地方，各種表演活動包含與雄王時代有關的神話傳說，例如兆村有「百業遊戲」的表演，這個活動跟雄王十八世的玉花公主有關。傳說中玉花公主嫁給傘圓之後，夫妻兩人回來看父母，但玉花公

圖 42　百業遊戲〔註35〕

主捨不得離開父母，不願意跟傘圓回去他家，走到兆村的時候，她坐在河邊的碼頭一直哭。雄王知道了，叫當地的人找出讓她開心的辦法，而答應隨其夫回去（有的傳說說法為：傘圓到村中請當地人們表演各種遊戲，讓玉花開心）。當地居民這才想出一個辦法，即以當時的農業生活表演給她看，看完之後，玉花覺得很開心，才跟傘圓一起回去。從此以後，每年舉辦廟會時，當地民眾都會再次表演該活動。（參圖42）

在南定省雄王廟廟會則不同，廟會時都表演嘲歌〔註36〕，每年南定省南直縣雲瞿社在舉辦廟會的時候，都有嘲歌的表演項目。而議安省則有鑼舞表演，或是當地少數民族的各種文化表演活動。在南方，由於距離福壽省太遠，雄王廟廟會所出現的傳統活動無法在此地表演，而是以當地文化活動代替，有些地方因為無法表演雄王傳說中的傳統風俗，只能以文藝表演，或運動比賽為主要的活動。

祭品方面也有很大的差異，幾乎各地子廟都不以三牲為祭品，但蒸餅是重要的傳統祭品。而在南方，雖然同樣沒有三牲，卻也不以蒸餅為祭品，有些地方會以柱形粽子代替蒸餅。

總之，形成這種變化的原因主要有二。其一，時間因素。根據各地雄王廟出現的先後，較早出現的廟宇還保留許多較傳統的活動；較晚出現的廟宇則無傳統活動，取而代之的是現代活動。其次，空間因素，距離福壽省越遠的雄王廟，雄王神話傳說的影響力更為薄弱，導致幾乎所有廟宇活動都無關於雄王神話傳說，換言之，離母廟越遠的地方，當地化越明顯。只有祭祀雄王的活動是以紀念國祖為主旨皆有舉辦，但其他附屬的活動都隨著當地的文化改變，使雄王祭祀信仰能成功融入當地的文化。

第三節　越南傳統社會對雄王祭祀信仰的影響

根據目前所收集到的史書、碑文、玉譜與神蹟等資料的記錄，越南封建時期社會已對雄王祭祀信仰有了相當大的影響。在十三、十四世紀，由於越南剛脫離中國封建統治沒多久，加上在此段時間，越南常面對外侵的危機，因此這個階段為了鞏固政權的政治目的，越南封建政權特別重視雄王祭祀和雄王廟的維護，以黎朝和阮朝的時候特別顯著。

〔註36〕嘲歌是越南北部一種民歌，傳說它起源於越南太平省和南定省。

一、黎朝及其鞏固祭祀國祖的政策

在後黎時期，黎朝已執行很多對雄王信仰具相當影響的工作，其中最為重要的一步就是把該習俗從祭祀一個地方上的神靈，升格變成全國都奉祀的國祖。首先是吳士連刻意將雄王神話傳說納入越南史書，將雄王從一個地方神話傳說中的國王提升為越南正史上存在的一位國王，從而雄王不再僅僅是福壽省地方上祭祀的神靈，而轉變成整個國家都要奉祀的國王。其中黎朝封建政府被視為是對祭祀雄王信仰產生重要影響的單位。

其次，吳士連還確定了雄王的年代，此舉也造成了很大的影響，因為倘若沒有確定雄王存在的時期，這些資料就跟《嶺南摭怪》所記載的沒有差異。或許為了證明雄王時代是真的存在，所以吳士連故意確定雄王的年代，使其更具歷史價值。（參圖43）

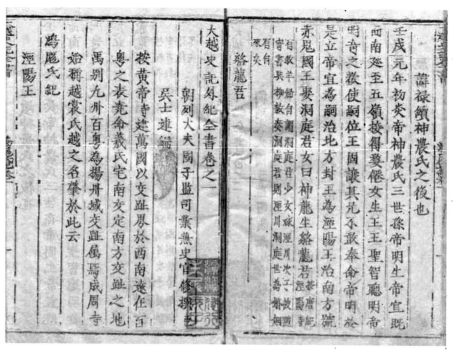

圖43　《大越史記全書》中的鴻龐時代的分段

越南黎朝將雄王神話傳說加入史書就像中國史家把黃帝、神農氏等神話傳說納入中國史書一樣，其用意不外乎想藉由證明一個民族來源的正統，從而凝聚鞏固民族的團結意識。這種做法是區分民族之間的界線，尤其越南曾受中國封建實體統治長達千年之久，因此將神話傳說納入正史是必要的

工作。

　　事實上，對於生活在同一個地區的人們，每個部族都想強調自己擁有的
文化，早在人民還有群婚的社會制度，人類就已使用各種方法，例如裝飾，
打扮等方式區分自己與其他部族。到了封建社會的時代，人民對於區分族群
的重視不減反增，目的是為了避免己身被大的部族同化。因此，世界上大多
數民族都將有關自身來源的神話傳說認定是自己初期的歷史。陳慶浩說：

> 神話傳說是民族精神之所寄，是民族早期歷史曲折的呈現；各民族
> 早期歷史幾乎都是由神話傳說構成的，越南亦不例外。《大越史記全
> 書。外紀。卷之一》一的史事，就和本輯收入八的《嶺南摭怪》一
> 大致相同。〔註37〕

越南黎朝有可能已經學習其他民族編撰史書的方法，其目的不外乎以上所說
的目的，即為確定自己民族的來源。將神話傳說變為部族的歷史，從而加強
人民對自身部族起源的意識。

　　其三，西元1470年，黎英宗下令撰寫《雄王十八葉聖王玉譜古傳》的時
候，已經詳細說明當地的祭祀雄王及祭田等。《雄王十八葉聖王玉譜古傳》
記載：

> 皇朝，並准伊宮廟殿，與本社忠義鄉皂隸仝租稅兵民，及……差各
> 役，一如舊例，奉祀已壽國脈，流芳萬世倚……

根據《南越神祇會錄》的記載，黎朝雄王廟很多，僅山西區就有七十三座，其
中十二座得到黎朝封敕。《南越神祇會錄》記載：

> 奉按國史，王乃貉龍君之子，分國為十五部傳十八世，皆號雄王，
> 建都峯州……商夏時乃本國啟基之始也。

> 正祠在山西處，山圍縣義崗社由敕：

> 各處縣社民同奉事共柒拾三社，內有敕拾貳社，無賴六十一社。

> 〔註38〕

　　自西元1730年至1796年，黎朝封給福壽省林兆府山崗縣春隴總義崗社
的神敕總共有十道，例如1730年、1740年、1743年、1776年、1787年2
月、1787年3月、1788年、1796年以及1796年5月。這些神敕主要是封

〔註37〕陳慶浩、鄭阿財、陳義主編：《越南漢文小說叢刊第二輯・第一冊》「神話傳
　　　　說類」，《嶺南摭怪列傳》，台北：台灣學生書局，1992年，頁1。
〔註38〕《南越神祇會錄》，越南漢喃院館藏編號：A.761。

給雄王的讚詞，歌頌雄王的功勞。其中有些讚詞如：「突兀高山顯應雄毅統始、奠安、弘濟、昭烈、廣運」，後來成為雄王廟中祭祀的牌位。根據目前所找到的資料，雄王牌位：「突兀高山顯應雄毅統始、奠安、弘濟、昭烈、廣運」最早出現於黎朝，很可能在黎朝之前，這些讚詞已經出現了（參附錄，圖）。〔註39〕

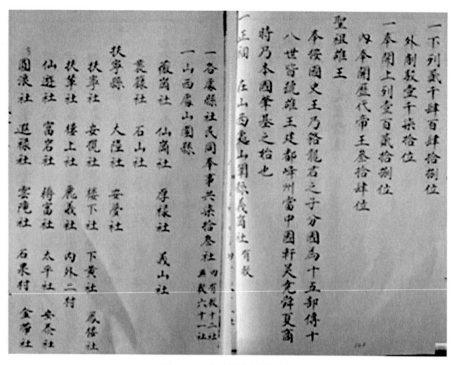

圖 44　南越神祇會錄

　　至於祭祀雄王與維護雄王廟方面，黎朝封建政府都有具體規定，要求當地官府負責。例如在西元 1785 年黎朝為了讓國家能國泰民安，還特別要求山圍縣義崗社的官員和庶民注意維護雄王廟與祭祀雄王的工作。顯然，在黎朝特別重視之下，雄王祭祀信仰有了很大的轉變，使雄王文化各方面都日益盛行。其中有兩個方面最突出：歷史與信仰。在歷史方面，後代史家在撰寫史書時，都以黎朝的《大越史記全書》為依據，或從《大越史記全書》抄寫過

〔註39〕迄今，解釋雄王牌位的讚詞仍有很多說法，研究學者認為這是讚詞，但並未說明這些讚詞的來源。據筆者在福壽省雄王廟的調查，大多來雄王廟祭祀的人都不太瞭解其用義，及其來源。有的認為這個讚詞是源自於義嶺山的高聳地勢，有的則認為這是因為雄王的豐功偉業。

來，或是以它為基礎，然後加油添醋成為雄王一個時代。因此可以說，在信仰方面，黎朝已經把對雄王的信仰變為對一位國祖的祭祀。

二、光中阮惠皇帝及十三道神敕

黎末，越南社會產生巨大的變遷，特別是在政治方面。這時的黎朝只不過是一個魁儡政權而已，實際權力是由鄭王所掌控。直到阮惠打敗鄭王後，建立西山朝，越南政治才從此步入穩定。不過就在西山朝剛建立沒多久阮惠去世，內部四分五裂，不久就被阮朝消滅。

短短在位五年時間（西元 1788 年至 1792 年），光中就已有兩次給福壽省雄王廟奉賴共十三道。具體的有：1788 年 12 月 3 日，共有 5 道、1792 年 7 月 28 日，共有 8 道。（參圖 45）

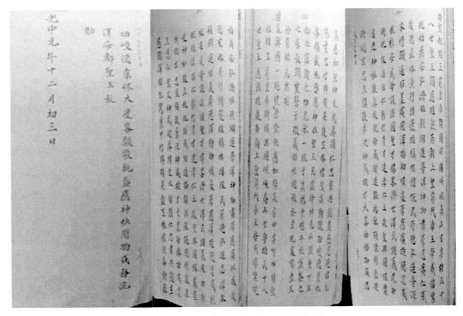

圖 45　光中阮惠皇帝的神敕

至今沒有任何資料記載有關光中皇帝去過福壽省雄王廟上香或維護雄王廟的紀錄，可是在光中二年（西元 1789 年 2 月 16 日）還特別下令要求義崗社注意奉祀雄王的事情。可能當時在位時間較短，內亂尚未平定，因此無法前來福壽省雄王廟上香祭拜。但透過兩次給福壽省雄王廟的封敕，我們可以看得出光中皇帝十分崇尚雄王國祖的地位，當然同時這在另一方面來看也是為了鞏固其封建政權。

三、阮朝及其鞏固雄王祭祀信仰與其地位的政策

　　阮朝之前，越南各個朝代都非常注重雄王祭祀信仰，自建築、重修雄王廟至封給福壽省雄王廟的神敕，這些舉動讓雄王信仰的地位在越南社會上與日俱增，也讓該習俗廣泛地發展。到了阮朝，雖然初期並沒有忽視雄王祭祀信仰，但實質上要從十九世紀中葉以後，阮朝才真正注意到雄王祭祀信仰的重要。例如，為了讓政府官員方便，阮朝遂以雄王第十八代祭日的前一天為官方祭祀雄王的日子。雄王廟碑文（記號：18704）刻於 1940 年 10 月 3 日的記載：

> 前者，國祭以秋為期，啟定二十年陽曆一九十七福壽巡撫黎忠玉諮
> 請禮部印定以遞年三月初拾為國祭日，即雄王第十八忌前一日也忌
> 日，三月十一由所在民致祭。

顯然十八位雄王當中，不是每一位雄王都有他的祭日，唯有雄王第十八世而已。從西元 1917 年阮朝訂定三月十一號前一天為官方祭祀雄王的日期後，從而變為雄王十八世共同的祭日，我們再看 1917 年 7 月 25 日的碑文記載：

> 國家致祭，常以秋期擇吉行禮，無有定日而伊社民俗例，以三月拾
> 壹日係諱日，祇行私祭。茲接貴公使意，擬我南祖廟祀典，彼都士
> 女追遠，興意不期而會靡所適，從誠為欽事。貴省商與貴住使，謹
> 訂嗣後以參月初十日，領支公果，奉命致祭於轄。審會之前一日，
> 俾諸方人士響往瞻拜，有所持循。既免伊社人民秋期應役之煩又合
> 春天辰和之義。諮審等因據敘各理，亦係炤隨辰宜商定，頗合應依
> 輒此覆諮尚歧知行須至覆諮者。

在維護雄王廟方面，阮朝也曾經多次重修。根據上廟碑文（記號 No.18707），1917 年 7 月 25 日的碑文記載：

> 維新 3 年 1909 年重修雄王陵墓。
> 維新 9 年 1915 年至啟定 2 年 1917 年重修上廟。
> 1919 年至 1920 年多買 25 畝祭田。（參圖 46）

碑文記號：No.18704 刻於 1940 年 10 月 3 日記載：

> 嗣德皇朝 27 年西曆 1874 年三宣總督阮伯儀重修上廟
> 維新 6 年西曆 1912 年，延茂郡公黃高啟……清政府給銀二千元重
> 修雄王陵墓。
> 啟定 7 年西曆 1922 年在重修雄王陵墓、井廟
> 1924 再一次重修井廟。（參圖 47）

圖 46　碑文 No.18707

圖 47　碑文 No.4518704

　　此外還有很多文章記載了有關阮朝政府對雄王廟的維護工作，並具體規定祭祀雄王的要求。更值得注意的是維新 8 年（1914 年）的碑文（記號 No.18709）還詳細地記載重修會會名；或啟定 8 年（1923 年）的碑文（記號 No.18710）詳細地記錄祭田的條例，其中詳細記錄了福壽省新買 25 畝田為祭田，其中交給義崗社 10 畝多、仙崗社 1 畝多、義山社 7 畝多、由義社 1 畝多、高梅社 2 畝多、林義社 1 畝多。（參圖 48、49、50）

圖 48　碑文 No.18709

圖 49　碑文 No.18710

圖 50　碑文 No.18711

　　由此可見總體來說，阮朝跟之前的封建朝代一樣，特別注意雄王祭祀信仰。一方面是由於這是越南古老的傳統風俗之故，因此阮朝必須集中力量保留該習俗，我們可以透過阮朝對雄王祭祀信仰的貢獻了解其關心程度。另一方面，由於越南長時間面對外族的侵犯，尤其是位在北方的中國封建國家，歷代為了解決這個問題，都提升雄王國祖的地位，將其視為越南人的始祖，即認為越南所有部族都是雄王的子孫，從而提高越南人的民族與愛國精神。

第四節　現代社會對雄王祭祀信仰的影響

　　從 1945 年越南新政府成立後，也相當注重雄王祭祀信仰。西元 1947 年到 1954 年之間，由於戰爭的關係，祭祀雄王的活動被迫暫停。但在 1954 年北越解放後，越南政府立刻恢復這項活動。1954 年至今，越南政府代表團多次前往福壽省雄王廟上香拜拜，表示對國祖的尊敬。近幾年來，雄王廟會的規模逐漸擴大，越來越多人參與。其中值得注意的是，越南政府確定祭祀雄王為國祖祭日，2007 年，越南政府還把雄王廟會訂於三月十號（陰曆），成為越南的國定節日。

　　由於越南歷史的特殊性，我們可以把時間分為三個階段：1945 年至 1954年；1954 年至 1975 年；1975 年至今。

一、1945 年至 1954 年

　　西元 1945 年，越南新政府宣佈獨立，但是剛獨立沒幾天，又再次受到法

國侵略，1954年越南北部才真正解放。經歷九年時間及熬過許多困苦越南人才可以打敗法國的殖民統治。1946 年 3 月 10 號，為了提高民族團結和愛國精神，越南政府決定要舉辦祭祀雄王儀式，希望從中得到人民的支持，一同抗法。

當年，黃焌抗（Huỳnh Thúc Kháng）（當時是越南臨時政府代主席）代表越南政府前來祭祀雄王，表示對國祖的尊敬。從 1947 年到 1954 年，由於戰爭的因素，越南政府決定暫時停止舉辦祭祀雄王的活動。

二、1954 年至 1975 年

自西元 1954 年至 1975 年，是越南對抗法國和美國的時間。但越南政府這段時間五度前往福壽省雄王廟上香。其中胡志明主席（Chủ tịch Hồ Chí Minh）來了兩次，第一次為西元 1954 年 9 月 19 日（參圖 51）〔註40〕；而第二次是 1962 年 8 月 19 日。西元 1969 年，當時越南政府總理范文同，代表越南政府來參加雄王廟會。〔註41〕

圖 51　胡志明主席在井廟〔註42〕

〔註40〕黎像、范黃鶯（Lê Tượng、Phạm Hoàng Oanh），《雄王廟——國家歷史文化特色遺產》（Đền Hùng di tích lịch sử văn hóa đặc biệt quốc gia），文化通訊出版社，2010 年，頁 126。

〔註41〕黎像、范黃鶯（Lê Tượng、Phạm Hoàng Oanh），《雄王廟——國家歷史文化特色遺產》（Đền Hùng di tích lịch sử văn hóa đặc biệt quốc gia），文化通訊出版社，2010 年，頁 134～135。

〔註42〕黎像、范黃鶯（Lê Tượng、Phạm Hoàng Oanh），《雄王廟——國家歷史文化特

1968 年 8 月 19 日，當時是越南政府總秘書的阮文珍（Nguyễn Văn Trân）首次與其他政府官員一起來拜訪雄王廟〔註43〕。1971 年 9 月 5 日，當時為越南政治部委員也來拜訪雄王廟〔註44〕。除此之外，從 1968 年至 1971 年，越南社科院考古學院舉辦總共四次的「雄王建國研討會」，目的是為了尋找及證明雄王時代是真正存在的，從而證明越南民族就是雄王的子孫。

三、1975 年迄今

西元 1975 年越南解放之後，越南政府更加重視雄王信仰，一方面是基於對越南歷史悠久傳統文化的尊敬；另一方面，在越南人民思維中，雄王已是歷史上得到越南人世代奉祀的一位國王，因此越南政府特別注意祭祀雄王的活動。西元 1977 至 1994 年間越南政府委員會總共有四次前來上香祭拜。這四次分別為 1977 年 5 月 5 日黎筍總秘書來拜訪雄王廟、1978 年范文同（Phạm Văn Đồng）總理參與祭祀雄王廟廟會〔註45〕、1986 年武元甲（Võ Nguyên Giáp）大將參加雄王廟會、1994 年黎德英（Lê Đức Anh）主席來拜訪雄王廟。〔註46〕

近幾年來，除了重修福壽省雄王廟之外，每年都有舉辦雄王廟會。以福壽省雄王廟為核心，全國各省的雄王廟也隨著福壽省雄王廟以三月十日為雄王祭日來舉辦廟會。2010 年，在越南政府的支持下，越南文化部舉辦「雄王祭祀信仰和祭祀祖先國際研討會」。參加此次研討會的學者分別來自許多國家，如：台灣、日本、美國、加拿大、中國、印度等。

色遺產》（Đền Hùng di tích lịch sử văn hóa đặc biệt quốc gia），文化通訊出版社，2010 年，頁 207。

〔註43〕黎像、范黃鶯（Lê Tượng、Phạm Hoàng Oanh），《雄王廟——國家歷史文化特色遺產》（Đền Hùng di tích lịch sử văn hóa đặc biệt quốc gia），文化通訊出版社，2010 年，頁 130～131。

〔註44〕黎像、范黃鶯（Lê Tượng、Phạm Hoàng Oanh），《雄王廟——國家歷史文化特色遺產》（Đền Hùng di tích lịch sử văn hóa đặc biệt quốc gia），文化通訊出版社，2010 年，頁 134。

〔註45〕黎像、范黃鶯（Lê Tượng、Phạm Hoàng Oanh），《雄王廟——國家歷史文化特色遺產》（Đền Hùng di tích lịch sử văn hóa đặc biệt quốc gia），文化通訊出版社，2010 年，頁 136。

〔註46〕黎像、范黃鶯（Lê Tượng、Phạm Hoàng Oanh），《雄王廟——國家歷史文化特色遺產》（Đền Hùng di tích lịch sử văn hóa đặc biệt quốc gia），文化通訊出版社，2010 年，頁 136。

第六章　結　論

一、中、越文獻對雄王時代的價值

　　雄王文化是越南最古老特殊的文化。有關這種文化的資料被見載於中國文獻和越南文獻，其中中國文獻較越南文獻早出現。不過，兩者資料本身都存有矛盾。在中國資料的矛盾不多，但是很明顯：它們對於同一個時代是使用三個不同的名稱來稱呼的。在《水經注》稱為雒王、《路史》稱為駱王、《舊唐書》則稱為雄王。顯然，這裡它們所提到的地域，都是越南上古交趾地區，但是《路史》和《水經注》使用同音不同文字，兩者都說明該名稱來自越南上古水稻耕種的來源。顯然這是文字使用方面上的問題。歷來，越南學者並不是特別注意該問題，其主要問題在於如何解釋紀載中文字的意義，並且進一步推論為何越南跟中國使用不同的文字。

　　關於中國所使用文字不同的問題，會導致兩個情況，其一，抄寫錯誤的原因，這種情況理性思考發生的機率是較稀少的，因為從文字角度而言，兩者完全不相同的文字不容易會發生抄寫錯誤的問題。其次，口傳的原因，也就是，如果後者撰寫相關駱王資料的時候，其資料的收集管道主要依靠口傳，而並非依靠前人所編撰實質文字呈現的資料，則他所使用的文字是假借的文字，即得其發音不得其字，因此才出現另一個同音，而寫法不同的文字。〔註1〕

　　至於雄王的名稱，目前越南學者多半都贊同吳士連解釋的方法。但是如

〔註1〕　當時駱和雒是假借的現象也很可靠的，例如之前中國文獻所使用的「交趾」和「交阯」文字也是類似的情況。

果我們以《舊唐書》的解釋來做對比的話，會發現吳士連的解釋不符。據《舊唐書》所記：雄王的名稱是指一位君長（首領）的名稱，因此，不可以說雄王的名稱是駱王化成的。

在越南文獻，矛盾最多的是阮朝史書和雄王玉譜。其主要矛盾在於，鴻龐時代和雄王時代，以及其在位時間的問題。造成這些問題的原因，主要有二。其一，以《大越史記全書》為證據的史家，會不將涇陽王和龍君加入雄王十八世裡面，該觀點符合〈鴻龐氏〉的內容。即是雄王的名稱從龍君的長子開始，而不是從涇陽王開始。其次，將涇陽王和龍君加入雄王十八世裡面的觀點。黎朝的雄王玉譜故意將涇陽王和龍君當成雄王十八世當中的前兩位元國王，目的是想將涇陽王成為越南第一國王的始祖。因此，後代的阮朝有些史家也是因為這個觀點而分不清楚雄王時代和鴻龐時代。矛盾的是，明明他們都以〈鴻龐氏〉為根據，將鴻龐時代分成三個階段，且還說明雄王是長子的名稱，那麼為何還將涇陽王和龍君改名為雄王呢？

事實上，不僅中國史書，且中國神話也是影響越南的對象，越南儒家撰寫《粵甸幽靈集》和《嶺南摭怪》時已經參考很多中國文獻，其中《粵甸幽靈集》還具體地說明資料的來源。在《嶺南摭怪》則不同，其寫作方法為選取中國神話當中的典型和重要的故事和人物，換改內容或加上一些情節，使得故事具有越南文化的味道，從而得到越南人的接受。我們可以將中國文獻對越南文獻影響脈絡歸納如下：

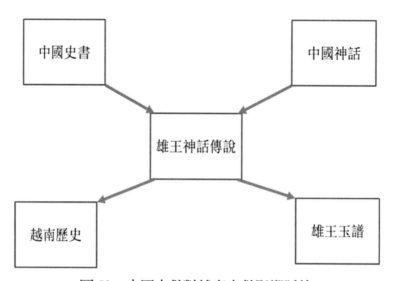

圖 52　中國文獻對越南文獻影響脈絡

　　越南雄王文獻接受中國文獻的影響可以分為兩個方面，第一是雄王神話傳說，這階段比較早，影響力也比較大，不僅在《嶺南摭怪》中的雄王神話傳說，連在富壽省流傳的民間故事當中，我們也很容易找到中國神農氏神話傳說的影子。尤其是有關農業傳說的部分。例如雄王發明五穀、雄王發明小米、雄王發明農具等。似乎故事的內容跟神農氏發明農業的故事一致，兩者之間的差異最明顯處只在於人物的名稱而已，即是中國神話中稱為神農氏，越南神話中是雄王而已。

　　第二是越南史書相關雄王時代的問題。在此方面，越南史家除了根據越南神話傳說所記錄來編輯越南史書之外，他們還參考很多中國文獻。從而，他們已經對此段歷史有了新的觀念和想法。越南史家除了找些相關中國神話傳說的不跟分開出來之外，還故意言明雄王才是越南真正的

二、雄王神話傳說的特殊

　　雄王神話傳說第一個突出的特點，是不管是風俗神話傳說，還是農業神話傳說都被歸納成與雄王和富壽省地區關聯的關係。故事的內容情節則十分樸素，主要解釋一個風俗、事情的來源，它的特點為強調該風俗、事情被發生在雄王時代。雖然這些神話傳說各有獨立的內容，但是只要將它放在一起閱讀，它們會成為一串連續的神話傳說，這是因為故事內容具有歷史性。歷來，在越南人的觀念中任何神話傳說跟雄王有關，都成為雄王時代的證明資料。

　　雄王神話傳說成文之後，它就有了固定性，即傳說內容不再因為時間和空間而變化。由於雄王文化具有歷史性，雄王神話傳說已變成越南的歷史，因此這些神話不管流傳到任何地方，在任何時代都不會改變。一般來說，神話傳說傳到他鄉的時候，或多或少被地方化，使它可以符合於新的環境，符合於當地文化，而在新的地方產生新的傳說，這種情況是很普遍的，例如越南母道的柳杏公主的傳說，在祭祀她的每一個廟宇都有它的不同的傳說，因此我們難以辨別它的真實性。例如中國女媧信仰。在不同女媧廟，會出現不同的傳說，甚至在每個地方還有跟她有關的習俗。但是，雄王信仰卻不同，除了富壽省雄王廟系統之外，其他地方的雄王廟完全沒有跟他有關的神話傳說，因為，它本身具有的地方性，使得其他地區難以虛構另一個傳說。例如早在在十四十五世紀建造的南定省雄王，此地也沒有任何有關當地的雄王神話傳

說。目前只有義安省祭祀雄王廟出現一個傳說。但是根據越南發展歷史，可以推論這是當地人後來所虛構，而並非原來當地跟雄王神話有關的廟宇。

可以說，當雄王神話傳說被成書問世之後，尤其是被加於史書內容中後，其傳說內容完全不因地域和時間的流傳而改變。目前在富壽省還流傳一些傳說，例如雄王與戰爭、雄王與農業，這些傳說流傳的空間只限制於富壽省，未被越南儒家收集加入《嶺南摭怪》書中，因此它對越南社會的影響力較弱，似乎其他地方也沒有它的影子。但是在富壽省這些傳說卻跟著其他雄王神話傳說構成富壽省雄王文化獨特的面貌。

雄王神話傳說還具有外來性。雄王神話傳說的外來性很明顯，例如在《嶺南摭怪》中的一些故事，特別是經過考察的阮克昌《雄王傳說》一書中，筆者發現，很多與雄王及越南農業起源相關的傳說內容幾乎與中國的神農氏傳說的故事內容如出一轍。

值得討論的問題是，為何在越南雄王神話傳說當中會存有中國神話相關的內容。關於這個問題會出現兩種可能的情況。第一種可能，越南儒家曾經參考中國文獻。這是很顯而易見的，因為，從《嶺南摭怪》和《粵甸幽靈集》當中我們可以看得出來，有些故事是從中國文獻記載抄寫過來的，如〈白雉傳〉。第二種可能，即為越南和中國具有相同文化的基底，即是，生活在相同環境會共享相同的文化，這是非常常見的狀況，不過前提是：在越南文獻當中不存有從中國文獻抄寫而來的情形，這種推論才是可以容易接受的。另一種情況，這些神農氏化傳說（神農氏神話傳說和其他相關的外來傳說）本來是百粵地區的神話傳說，流傳到漢族地區後被漢人記錄下來，而其原本並不屬於漢族的神話傳說。這種說法也有它的道理，不過由於越南文獻較晚出現，這些故事被記錄的時候已經時代較晚，因此難以證明其是否真正是百粵地區文化。不過，神農氏是否是越南的始祖乃是一個這樣的問題，是否其產生是因為越南儒家試圖透過將中國神話加上越南神話傳說的方式來使得雄王民族的來歷可以跟漢族一樣的高貴？還是這是當漢族統治越南時期時，故意把神農氏當作越南的始祖，使越南人觀念中都認同越南跟漢族有民族關係，從而更容易統治越南人的一種政治手段。至今，此問題，仍然十分值得討論。

三、越南傳統風俗

雄王與風俗神話傳說中最為突出的特點是其對於區域文化的代表性。比

如在《嶺南摭怪》當中所記載幾個習俗，都是百粵地區共同文化的代表習俗。
例如文身習俗、吃檳榔習俗。這兩種習俗在很早之前在百粵地區就已經相當
盛行，後來成為百粵地區十幾個共同文化代表之一。不過，在流傳過程中，
越南傳統風俗，也為了配合流傳處生活環境的影響，產生了很大的變化，同
時也沒有早期那麼廣泛地流行。越南傳統風俗發展的演變可以歸納如下：

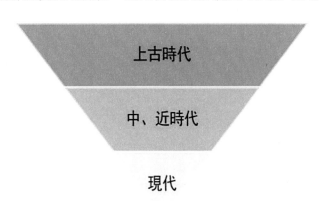

圖 53　越南傳統風俗發展的演變

　　不同於雄王神話傳說或者雄王祭祀信仰，與雄王傳說相關的傳統風俗受
歷史性的影響比較弱，似乎歷史性不是這些傳統風俗之所以長久流傳的主要
原因，反而是生活環境才是影響風俗流傳的主要原因。初期這些風俗曾發展
得很廣，但是每當生活環境有了一個劇烈的變化的時候，人民思想觀念也隨
著社會改變，使這些風俗也免不了稍微地跟著變化，因此有時它們甚至還陷
入消滅的危機。例如越南文身的習俗流傳到陳朝失傳了。據越南和中國文獻
所記載，越南文身習俗和百粵文身習俗初期都是為了避免水族傷害。後來經
過不同時代它的意義也被改變，目前越南和百粵地區其他部族的文身習俗已
失去，文身習俗只存在文獻中記載。越南文獻所記載有關文身習俗的內容最
早可見於《嶺南摭怪》，這些資料都是從中國文獻抄寫過來的，然後加上一些
情節，使故事的內容符合於撰寫者的目的。

　　有關越南吃檳榔的文獻記載也一樣，越南檳榔傳說跟台灣阿美族的檳榔
傳說完全相似。在生活面向上越南和台灣阿美族的檳榔文化意義的起源相同，
檳榔可以當成人與人之間交際的橋樑，也可以當成男女愛情的定情之物，檳
榔亦可以作為祭品。目前由於社會發展的影響，越南吃檳榔習俗有了很大改
變，吃檳榔的人數在越南越來越少，大多數現存的食用者都是年紀較大的老

婦女，大概七十歲以上的婦女才吃檳榔，探究原因的話或許是他們從小就已經習慣吃檳榔了，所以現在仍喜歡天天吃檳榔。年輕人則為了保護白牙，因此不想吃檳榔。

越南吃蒸餅習俗，可算是越南真正的傳統文化，這種習俗反映了當時越南農業生活的進步，同時也反映當時農業和農業產品在越南社會上具有崇高的地位，任何貴品也比不上蒸餅。因為蒸餅不僅是農業的產品，它還擁有子孫對祖先、父母的孝順的文化意涵在。至今越南人過年吃蒸餅的習俗仍被保留，該習俗儼然已成為越南文化特色的一部份。由於蒸餅來源跟雄王有關，因此每年舉辦雄王廟會的時候，為了感謝雄王發明蒸餅的功勞，越南人都將蒸餅視為不可或缺的祭品。不過，在流傳過程中，越南南北部也不免有了不同的習俗差異，北方大多習慣吃正方的蒸餅，南方喜歡吃小圓粽，同時，過年各有不同的享受方法。

四、越南傳統社會和現代社會對雄王文化的影響

在傳統社會時期，雄王文化各方面都得到當朝政府關切。首先越南儒家對於民間流傳的神話傳說進行收集，將之編輯為一本民間小說的著作，然而故意把故事內容的順序安排為彷彿有歷史階段一般，他們的工作為後來吳士連所編輯的《大越史記全書》奠定基礎，讓他能夠順利的撰寫越南「鴻龐氏」這個時代。

吳士連撰《大約史記全書》之後，雄王文化的影響力才真正發揮它的功用，讓它從一個有地域性的文化一躍成為受到舉國重視的國家文化，同時這本著作也使越南人民對雄王的態度改變許多，在他們的新觀念中雄王是整個越南的共同祖先，是必然會供奉的對象。換言之，越南封建政府把雄王神話傳說編為歷史的目的，是想給越南人尋找一位共同的祖先，從而凝聚民族意識將越南人民團結起來。

除此之外，1740 年陳朝還刻意把雄王神話傳說編撰成為雄王玉譜。雄王玉譜跟其他廟宇的神蹟沒兩樣，主要記載有關雄王的事蹟，以及當地的風俗習慣，後來雄王玉譜成為雄王廟和雄王祭祀信仰的主軸，使雄王祭祀信仰成為一個既充滿歷史價值又兼具民間特色的文化。

到了阮朝，在政府的關心之下，雄王文化更受到阮朝注重，除了維修雄王廟、改變雄王忌日之外，這個時期許多歷史著作成書問世，幾乎每部史書

都從鴻龐時代開始談起，雄王文化也因此更得到人民的重視，從而雄王廟也跟著其影響力而廣泛地發展到越南全國各個地方，雄王祭祀信仰至此成為真正地理意義上的國家級祭祀信仰。

越南新政府成立之後，雖然雄王文化再次受到越南新政府的關注，但是越南政府僅把雄王的歷史、祭祀信仰、神話傳說以及風俗視為一種具備傳統特色的文化，然而，可幸的是，從文化保存的角度來看，越南新政府的舉動十分有利於雄王文化的持續發展。其中主要提倡祭祀信仰和其風俗兩個方面。在此階段，越南政府一方面維持雄王祭祀信仰，另一方面也鼓勵越南各個地方大量建造新的雄王廟。雄王祭祀除了代表祭祀祖先的含義之外，還具有飲水思源的概念。因此在此階段，大多新蓋的雄王廟除了祭祀雄王之外，其配祭還供奉一些對祖國有所貢獻的英雄人物。

從二十世紀末至今，越南政府更加著重雄王祭祀信仰和風俗。2011 年越南政府向 Unesco 申請「春歌」為世界非物質文化遺產，同時得到認可。2011年再向 Unesco 申請雄王祭祀信仰為世界非物質文化遺產，2012 年 12 月就得到 Unesco 認可。

雄王祭祀信仰的發展過程較複雜，在不同時間不同地區有不同的意義。根據它的發展過程，可以分為三個階段。（參圖 54）

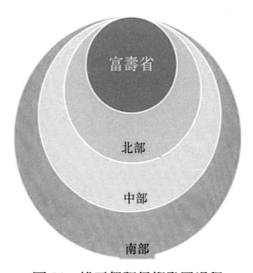

圖 54　雄王祭祀信仰發展過程

第一階段是在北方。如：太平省、南定省、太原省、安拜省等。這段時間越南剛脫離中國封建社會的統治不久。越南封建政府盡量推廣該習俗，把它

視為越南宗族來源的代表，因此越南封建政府把雄王神話傳說納入正史，使雄王文化各方面都變成全國文化的特色。

第二階段，發展來到越南中部，最顯著代表的是十九世紀（1823 年）越南阮朝所建造的「歷代帝王廟」，同時編輯大量的史書，其中每部史書都以鴻龐時代作為越南歷史的起始階段。這段期間，雄王子廟開始加入某些新的配祭對象，福壽省雄王廟的山神不在中部祭祀之列，代之的是一些歷史人物。這種祭祀方式反映了雄王祭祀信仰蛻變成另一個樣貌，即具有飲水思源的含義。

第三階段，發展往南方傳播。此階段出現時間比較晚，大概從二十世紀開始，有一些是由北方移民共同建造的，也有些是後來由越南政府出資建造的。在此段時間，雄王廟數量越來多，有的是由從北方移居在南方的北方人，為了懷念故鄉而自己設立。有的由越南政府發動建造，目的是提高人民飲水思源的意識，同時也具有將南北人民團結起來的目的。

在發展過程中，社會的變動對於雄王祭祀信仰產生了很大的影響，尤其是傳統社會。在此階段，封建社會主要強調雄王文化的歷史和祭祀兩個方面。目的是提高雄王歷史價值，從而創建越南民族的一位共同的始祖，將人民愛國心團結起來。祭祀雄王一方面是一種民間信仰的體現，另一方面被當時強調成為祭祀祖先的意義，因此，祭祀雄王可以視為飲水思源的一種表現。

從祭祀儀式和祭品角度而言。雄王祭祀信仰的祭祀儀式和祭品有所謂的地方差異，即是雄王祭祀儀式在他鄉跟富壽省有些不同，尤其是出現時代越晚和在南方地區的雄王廟在儀式和祭品上的差異更明顯。例如本來雄王廟廟會常用蒸餅祭祀，但是南方地區有的地方會用小圓粽代之。此外，各地方的配祭對象也展現了和富壽省完全不同的樣貌，富壽省的配祭包括兩位山神和兩位公主，但是在其他地方的配祭多為一些對國家有貢獻的忠臣或封建社會的明君國王，或是現代社會的戰爭英雄與烈士等，使它祭祀方式更偏重於飲水思源的意義。

此外，當雄王祭祀信仰發展到他鄉的時候，雖然祭祀意思和祭品的選擇都被地方化，但是雄王神話傳說本身是完全不變的，這主要的原因一方面是由於這些神話傳說已經被文本化，成為一個樣板，各地方都以其為模範，因此從十五世紀在其他地方建造的雄王廟，已經不可能自己產生出一個新的神話傳說。它只可以被認同是越南祭祀雄王古老的地方而已。因為雄王神話傳

說早已被確認它在何處起源，同時這些故事也都跟其起源的地方有了密切的聯繫。一方面這些故事已經被歷史化，祭祀已經變成越南傳統祭祀祖先的方式，各地方祭祀雄王廟是為紀念祖先之用，所以不管傳到何方它的神話傳說仍舊保留原來的內容。

　　總的來說，越南封建政府把雄王文化發展遍及全國的主要目的，是經過祭祀雄王儀式可以促進越南「隆子縣孫」的自豪心，提高人民的宗族意識，以及使人民團結在一起。此外，這也是封建社會提高自己君主地位的良好手段，祭祀雄王為尊重君子制度的模範，因此當雄王廟發展到其他地方的時候，大多雄王廟都以「雄王+歷史人物」為規範的方式呈現。這種規範被維持到現在，它已經成為後來出現的雄王廟的標準範本。這也是雄王廟和其他民間神靈廟的最大差別。

五、雄王文化中的神話傳說、歷史、風俗、祭祀信仰的關係

　　雄王文化起源於雄王神話傳說，在流傳過程中，從這些神話傳說逐漸形成了一種獨特的雄王文化。雄王文化包含神話傳說、歷史、風俗和信仰四種類型，這四種類型的關係很密切，它們互相影響，使雄王文化在越南日益廣泛地發展。其中，神話傳說被視為雄王文化起源的根本原因；歷史被視為雄王文化能流傳和擴大發展的主要因素；祭祀信仰被視為雄王文化重要的成分；傳統風俗被視為雄王時代文化特殊的成分。（參圖55）

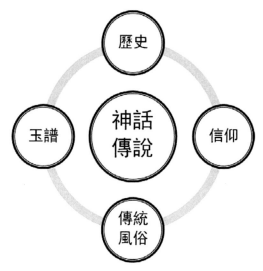

圖55　神話傳說及歷史、風俗、信仰的關係

　　如上所說，雄王神話傳說雖然是越南史書中有關雄王歷史的來源。但是，當這些神話傳說被認定為歷史之後，它卻反過來又影響到雄王神話傳說，使其歷史價值更加有價值。從此之後，這些神話傳說已經成為越南各地方雄王神話傳說的統一格式。同時，越南史家或研究學者研究雄王的時候，除了將史書中所記載有關雄王時代的資料作為證據之外，也會使用《嶺南摭怪》中有關雄王神話的傳說作為考證的依據。

　　當時，在編撰《嶺南摭怪》的時候，越南儒家似乎已經想將雄王神話傳說編輯成為越南史前的一段歷史，所以他們不僅將中國神話傳說編輯成為越南完整的一則宗族起源神話傳說，且還將雄王故事的順序安排使其具有一個歷史階段，使讀者可以想像出來鴻龐時代各方面的情況。可以說，當越南史家選擇雄王神話傳說當歷史之前，越南儒家已經將雄王神話傳說編輯成具有歷史背景的故事了，越南史家只不過代之把它加入史書而已。

　　雄王神話傳說本來只跟雄王祭祀信仰、風俗有關。從十四世紀越南史家將雄王神話傳說編輯成為歷史之後，其在各個面向上轉變成一種複雜的關係，即是：神話傳說與歷史、神話傳說於風俗、神話傳說與信仰。神話傳說與風俗的關係，是世界上很普及的一種現象，這種關係使它們可以長久的流傳。通常提到一個風俗，我們會聯想到其來源的傳說。同時，聽到一個風俗的傳說，我們也能聯想到故事中所敘述的習俗。在越南雄王神話傳說，雄王神話傳說和風俗的關係還有歷史性，被越南史家加入歷史成為雄王時代歷史的證據。

　　事實上，越南封建政府以及越南現代政府，已經盡量利用這層關係，從而得以將雄王文化變成如今樣貌。他們一方面提高這些神話傳說和風俗的歷史地位，把它視為越南初期史前的證據。一方面經過呈現這些風俗，重現雄王時代，從而強調此歷史階段的重要性，並且提醒人民提高宗族意識。

　　雄王信仰受歷史面的影響也很大。很多雄王廟被建造於不同時代，其目的不是奉祀一位民間神靈，而是奉祀越南史上的一位國祖。雄王廟會各種祭祀儀式早在黎朝的時候，就已經很隆重的舉辦。經過漫長歷史，由於它的歷史性，因此該習俗乃得到各封建朝代的支持，使雄王祭祀信仰可以流傳至今。

　　如果把雄王祭祀信仰和其他祭祀信仰來比較的話，我們會發現，一般來說，任何信仰類型能夠長久流傳都有靈驗的原因成分在，即是在流傳過程中

那種信仰會產生一些靈驗的傳說，長久流傳之後，這些靈驗傳說會取代那些信仰的根源傳說，使那種信仰日益於國內廣泛地流傳。例如越南的「母道」信仰。這種信仰本來是祭祀母神的信仰，後來加上一些男神與其他神靈，成為母道祭祀信仰的系統。這種母道初期祭祀對人民或國家有貢獻女神和男神。後來在流傳過程中因它產生很多靈驗的傳說，總言之，至今人民之所以崇拜母道是因為其靈驗的原因。

表7　雄王及陳興道（歷史人物）祭祀信仰的演變對照表

對　象	雄　王	陳興道
來源	民間故事	歷史
初期祭祀對象	神靈	歷史人物
流傳過程所成為	歷史人物	神靈
祭祀形式	祖先（國祖）	神靈（福神）

事實上，雄王祭祀信仰並不完全沒有產生靈驗傳說，但是它只集中在於富壽省義嶺山上的雄王廟。據說，每年雄王廟會舉辦的前後一兩天會下大雨，這種下雨被民間稱為「洗廟雨」〔註2〕。此外，在此地還有一些靈驗傳說跟該廟來源傳說有關。例如下廟擁有的求子習俗，是因為下廟是嫗姬生百蛋之處，傳說很多人來此廟求子都很靈。或在中廟會有求職的習俗。或者在井廟求婚姻等等。可以說，在雄王祭祀信仰靈驗要素並不是沒有出現，不過它卻不是驅動雄王信仰發展的主要原因，主要的原因，是其本身具有歷史性的因素。對於越南人來說祭祀雄王即為祭祀國祖，是一種飲水思源的理念，因此靈驗與否不是雄王信仰重要的要素，而是歷史性的地位才真正足夠使雄王信仰長久的流傳。

〔註2〕即是，在廟會之前，下雨是把廟宇洗乾淨接待神靈降下，廟會後也要再一次淨洗。

參考書目

一、中文書籍

（一）古代典籍

1. 五代・劉昫：《舊唐書》，清乾隆武英殿刻本。
2. 宋・李昉：《太平廣記》，民國景明嘉靖談愷刻本。
3. 明・佚名：《越史略》，清守山閣叢書本。
4. 清・盛慶紱：《越南圖說》，清光緒刻觀象廬叢書本。

（二）近人著作部分

1. 黃石、玄珠、謝六逸、沈雁冰、周穀城、民國叢書編輯委員會：《神話研究；中國神話研究 ABC；神話學 ABC；神話雜論》，上海市：世界書局，1929 年。
2. 周英雄、鄭樹森：《結構主義的理論與實踐》，黎明文化出版社，1970年。
3. 王孝廉：《中國古代神話研究》，台北：聯經出版社，1977 年。
4. 糜文開：《印度文化十八篇》，台北：東大出版社，1977 年。
5. 譚達先：《中國神話研究》，台北：台灣商務印書館發行，1980 年。
6. 袁珂：《古神話選釋》，台北：長安出版，1982 年。
7. 袁珂：《山海經校注》台北：里仁書局，1982 年。
8. 鍾毓龍：《上古神話演義・女媧補天》，台北：莊嚴出版社，1982 年。
9. 李維斯陀著、王維蘭譯：《神話與意義》，台北：時報出版社，1983 年。

10. 馮天瑜：《上古神話縱橫談》，上海：文藝出版社，1983 年。

11. 孔晁注：《逸周書》，中華書局，出版年不詳。

12. 茱茂松：《比較神話學》，新疆：新疆大學出版社，1993 年。

13. 王文寶：《中國民俗學史》，四川：巴蜀書社，1995 年。

14. 黃暉：《論衡校釋》，北京：中華書局，1995 年。

15. 林道生編著：《台灣原住民族口傳文學選集》，花蓮縣立文化中心，1996 年。

16. 王孝廉：《神話與小說》，台北：時報文化出版社，1986 年。

17. 謝選駿：《神話與民族精神》，濟南：山東文藝出版社，1986 年。

18. 何新：《諸神的起源：中國遠古神話與歷史》，台北：木鐸出版社，1987 年。

19. 王孝廉主編：《神與神話》，台北：聯經出版，1988 年。

20. 應劭：《風俗通義校注》，台北：明文出版，1988 年。

21. 劉堯漢：《苗族神話研究》，廣西：人民出版社，1988 年。

22. 劉魁立主編，謝選駿著：《中國神話》，浙江：教育出版社，1989 年。

23. 陶楊、鐘秀：《中國創世神話》，上海：人民出版社，1989 年。

24. 魏慶征譯：《神話的詩學》，北京：商務印書館，1990 年。

25. 王孝廉：《中國的神話世界》，台北：作家出版社，1991 年。

26. 袁珂：《中國神話史》，台北：時報出版社，1991 年。

27. 歐陽飛：《諸神傳奇》，台北：新潮社出版社，1991 年。

28. 馬昌儀：《中國神話學文論選萃》，張光直：〈中國創世神化之分析與古史研究〉，北京：中國廣播電視出版社，1992 年。

29. 王小盾：《神話話神》，台北：世界文物供應社，1992 年。

30. 成復旺：《神與物遊：論中國傳統審美方式》，台北：商鼎文化出版，1992 年。

31. 聞一多：《聞一多全集·神話與詩》，台北：里仁書局，1993 年。

32. 徐龍華：《中國神話文化》，遼寧：遼寧教育出版社，1993 年。

33. 馬重奇：《中國古代文化知識趣談》，九龍：導師出版社，1994 年。

34. 劉鋒：《道教的起源與形成》，台北：文津出版社，1994 年。

35. 顧頡剛：《中國上古史研究講義》，台北：洪葉文化，1994 年。

36. 馬昌儀：《中國神話學文論選萃》，北京：中國廣播電視出版社，1995年。

37. 楊復竣：《易經神話傳說》，台北縣：駱駝出版，1996年。

38. 袁珂：《中國神話傳說》，人民文學出版社，1998年。

39. 陳思賢：《神話考古》，北京：文物出夜社，1998年。

40. 趙沛霖：《先秦神話思想史論》，台北：五南圖書出版公司，1998年。

41. 尚會鵬：《印度文化史》，台北：亞太圖書出版社，1998年。

42. 翁紹軍：《神性與人性：上帝觀的早期演進》，上海：上海人民，1999年。

43. 劉黎明：《中國神話故事》，成都市：巴蜀出版社，1999年。

44. 宋兆麟：《中國風俗通史，原始社會卷》，上海：上海文藝出版社，2001年。

45. 王焰激：《山海經：中國神話故事，英雄篇·帝王篇·巾幗篇·孩童篇》，台北縣：漢湘文化出版，2001年。

46. 邱宜文：《《山海經》的神話思維》，台北：文津出版社，2002年。

47. 喬布拉、王季慶：《看見神：認識神的七種面貌》，台北：方智出版社，2002年。

48. 康貝爾、李子寧：《神話的智慧：時空變遷中的神話》，台北縣：立緒文化出版社，2002年。

49. 劉大傑：《中國文學發展史》，台北：華正書局有限公司，2003年。

50. 康貝爾、朱侃如：《千面英雄》，台北縣：立緒文化出版社，2003年。

51. 馬書田：《中國道教諸神》，台北市：國家出版社2003年。

52. 鄧啟耀：《中國神話的思維結構》，重慶：重慶出版社2004年。

53. 陳炯彰：《印度與東南亞文化史》，台北市：大安出版社2005年。

54. 劉毓慶：《圖騰神話與中國傳統人生》，人民出版社，2004年

55. 蔣炳釗、吳綿吉、辛土成：《中國東南民族關係史》，廈門：廈門大學出版社，2007年

56. 王燕：《東方文學——跨文化審視與說解》，河南大學出版社。

二、外國著作部分

1. 葛斯塔、舒維普著，齊霞飛譯：《希臘羅馬神話與傳說》，台北市：志文

出版社，1986 年。

2. Joseph Campbell 作、李子寧譯：《神話的智慧：時空變遷中的神話》，台
   北縣：立緒文化事業有限公司，1996 年。

3. 路先·列維－布留爾著、丁由譯：《原始思維》，北京：商務印書館，1997
   年。

4. 紐曼、李以洪：《大母神：原型分析》，北京：東方出版社，1998 年。

三、越南書籍

（一）越南史書

1. 吳士連：《大越史記全書》，館藏編號：A.3/1-4。

2. 吳時仕：《越史標案》十八世紀，館藏編號：A.11：486；A.2977/1-4。

3. 鄧春榜：《越史綱目節要》，1801 年，館藏編號：VHv.2383。

4. 潘清簡主編，范春桂副主編：《欽定越史通鑑綱目》嗣德 9 年（1856）至
   嗣德 34 年（1881）12 印刷版，館藏編號：A.1/1-9。

5. 《南國史記》，館藏編號：A.1643；VHV.2021。

6. 《南國歷代世次年表神譜》，館藏編號：A.705。

7. 《越輿剩志全編》252 頁，館藏編號：A.864；MF.1582。

8. 雙瓊拙夫范庭碎撰，《大南國史演歌》，嗣德 23 年，記號：AB1，VNv.3，
   VNv.117，河東督學阮廷詢撰：《越國史改良》，館藏編號：A.1146/1-2。

9. 阮文梅（Nguyễn Văn Mai）：《南越史略》（Nam Việt sử lược），西貢，1919
   年。

10. 范文山（Phạm Văn Sơn）：《越史全書》（Việt sử toàn thư）。

11. 陳重金（Trần Trọng Kim）：《越南史略》（Việt Nam sử lược），文學出版
    社，2008 年。

12. 黎崱：《安南志略》，勞動出版社，2009 年。

（二）近人著作部分

1. 文迅、阮玲、黎文瀾、阮董芝、黃興（Văn Tấn、Nguyễn Linh、Lê Văn
   Lan、Nguyễn Đổng Chi）：《雄王時代》（Thời Đại Hùng Vương），河內：
   社會科學出版社，1973 年。

2. 陳慶浩、鄭阿財、陳義主編：《越南漢文小說叢刊第二輯第一冊·神話傳

說類・嶺南摭怪列傳》，法國遠東學院出版，台灣學生書局印行，1992年。

3. 裴文源（Bùi Văn Nguyên）:《越南神話與傳說》（Truyền thuyết và thần thoại Việt Nam），文化通訊出版社，1993 年。

4. 阮氏慧、陳氏安（Nguyễn thị Huệ、Trần Thị An）:《越南民間文學選集》（Tuyển tâp văn học dân gian），教育出版社，1999 年。

5. 阮光勝、阮伯世（Nguyễn Quang Thắng、Nguyễn Bác Thế）:《越南歷史人物詞典》（Từ điển nhân vật lịch sử Việt Nam），文化出版社，1999 年

6. 武金編（Vũ Kim Biên）:《福壽省鄉村文獻》（Văn hiến làng xã vùng Đất Tổ Hùng Vương），河內：UNESCO 歷史資料中心和越南文化出版，1999 年。

7. 富壽省民間文藝 2000 年:《福壽省民間文藝總集》（Tổng tập văn nghệ dân gian vùng đất Tổ），第一集，越池，2000 年。

8. 黎文好（Lê văn Hảo）:《雄王建國時代回溯》（Hành trình về thời đại Hùng Vương dựng nước），青年出版社，2000 年。

9. 陳國旺（Trần Quốc Vượng）:《越南文化基礎》（Cơ sở văn hóa Việt Nam），教育出版社，2003 年。

10. 陳國旺（Trần Quốc Vượng）:《越南文化思考》（Văn hoá Việt Nam tìm tòi và suy ngẫm），文學出版社，2003 年。

11. 潘繼炳（Phan Kế Bính）:《越南風俗》（Việt Nam phong tục），文化通訊出版社，2005 年。

12. 陳玉添（Trần Ngọc Thêm）:《越南文化本色探尋》（Tìm về bản sắc văn hóa Việt Nam），胡志明市綜合出版社，2006 年。

13. 陶維英（Đào Duy Anh）:《越南文化史綱》（Việt Nam văn hoá sử cương），文化通訊出版社，2006 年。

14. 丁嘉慶（Đinh Gia Khánh）:《中國神話》（Truyện thần thoại Trung Quốc），文化通訊出版社，2006 年。

15. Wiliam Dampier:《1688 年的一趟遊行到北河》（Một chuyến du hành ra đằng ngoài năm 1688），河內：世界出版社，2006 年。

16. 黃國海（Hoàng Quốc Hải）:《風俗文化》（Văn hoá phong tục），婦女出版

社，2007 年。

17. 文金中（Văn Kim Chung）：《福壽省漢喃遺產》（Di sản Hán Nôm Phú Thọ），富壽省文化通訊所，2006 年。

18. 李太勇（Lý Thái Dũng）：《雄王時代九十九個問答》（99 câu hỏi đáp về thời đại Hùng Vương），勞動出版社，2008 年。

19. Barow：《一趟遊行到南河省，1792～1793》（một chuyến du hành đến xứ Nam Hà 1792~1793），河內：世界出版社，2008 年。

20. 黎崱，《安南志略》，勞動出版社，2009 年。

21. 阮克昌（Nguyễn Khắc Xương）：《雄王傳說》（Truyền thuyết Hùng Vương），民族文化出版社，福壽省文化藝術會，2009 年

22. 武金編（Vũ Kim Biên）：《雄王傳說——祖土地區的神話》（Truyền thuyết Hùng Vương-Thần thoại vùng đất tổ），福壽體育旅遊文化處，2010 年。

23. 黎像、范黃鶯（Lê Tượng、Phạm Hoàng Oanh）：《雄王廟——國家歷史文化特色遺產》（Đền Hùng di tích lịch sử văn hóa đặc biệt quốc gia），文化通訊出版社，2010 年。

四、期刊

1. 阮玲（Nguyễn Linh）：〈雄王是否是神農氏的後代〉（Phải chăng Hùng vương thuộc dòng dõi Thần Nông），《研究河內歷史》第三期，1968 年。

2. 李勇：〈海南黎族文身習俗〉，《藝術理論》，2007 年 03 月。

3. 譚志詞：〈越南雄王廟及其漢文匾聯〉，《海外聯存》。

4. 劉瑞：〈「雄王」、「雒王」之「雄」、「雒」考辨——從南越「雄雞」木簡談起〉，《民族研究》，2006 年第 8 期。

5. 農學冠：〈同為龍種淵源長——中越文化交流研究課題之二〉，《廣西右江民族師專學》。

6. 于向東、劉俊濤：〈「雄王」、「雒王」稱謂之辯管見〉，《東南亞研究》，2009 年第 5 期。

附　錄

圖 56　青山縣的傘圓廟

圖 57　丁家第九代的長子（右邊）和其弟（左邊）

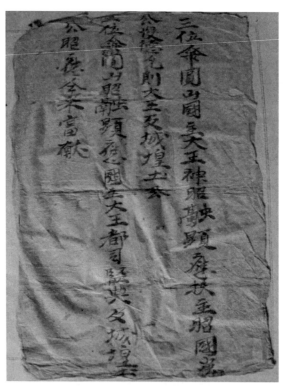

圖 58　丁家所留的資料

平標業匡定神妙護直作福助威烈義顯韻鴻猷顧
德剛毅果斷聰明正直強毅勇決方剛雄才大畧助
緒公平忠直靈惠賢文神武聰泰博達夫如順仁志
眉大聰靈慈惠和明兄為實大王故

勅

永慶二年十二月初十日

圖 59　義崗社神勅

圖 60　蒸餅

右位　　　　　　中位　　　　　　左位

圖 61　雄王供桌

（仁福拍攝）